教員評価・人事考課のための授業観察国際指標

―教員へのフィードバックによる学校の活性化―

国立教育政策研究所
有本昌弘 著

学文社

はしがき

　『文部科学省における国際戦略（提言）』（平成17年9月　文部科学省における国際戦略検討会）では，第1章：世界大競争時代における我が国の国際競争力の強化として，国際社会で活躍する人材を義務教育レベルから育成，第2章：我が国のソフト・パワーの増強として，国際社会におけるプレゼンスの強化，そのためのリーダーシップの発揮，わが国の顔の見えるODA協力が論じられている。世界的課題の解決，アジア諸国とのパートナーシップの強化という章に続く。これらは，わが国の魅力の発信，対日理解の促進のための基本的方策，国際機関の有効活用方法を含めた国際戦略の理念，原則を問うものである。「出る釘を伸ばす」という戦略である。

　また，中央教育審議会は平成17年10月18日，義務教育特別部会を開き，「新しい時代の義務教育を創造する」と題する答申案をまとめた。答申案には「教育を巡るさまざまな課題を克服し，国家戦略として世界最高水準の義務教育の実現に取り組むことは，我々の社会全体に課せられた次世代への責任」と書かれている。さらに今後は，ここでいう最高水準をだれでも・どこでも受けられることを保証する必要があろう。現代において教育が行われる機関は主に学校が担っている。教育の質を高め，保証するには，まず各学校でどのような教育が行われているのかを知り，適切な支援を行う必要がある。

　この重要な施策を共有していくべく，私どもは，海外とのインターフェースになろうと考えた。国際的なネットワークは，ICSEI (International Congress for School Effectiveness and Improvement) という1990年に立ち上げられた組織であり，筆者はその年度から国内唯一の会員であった。そして，95年から学校効果研究国際プロジェクト（ISERP）があり，それらは，米国，カナダ，香港，

台湾，オーストラリア，英国，ノルウェー，オランダとアイルランドの学校である。ここでの反省は，学校レベルのみを見て，授業と教師の関係をもてないことであった。そこで，第2ラウンドとして，ISTOF（International System for Teaching Observation and Feedback）を立ち上げることになった。ISTOFは，授業観察とフィードバックのための国際システムを作ろうということになった。参加国には，PISAで好成績をあげたフィンランドをはじめとする20ヵ国，米国，英国，カナダ，ドイツ，オランダ，ベルギー，デンマーク，アイルランド，キプロス，中国，香港，アルゼンチン，ブラジル，インド，トルコ，マレーシア，チリ，ベラルス，南アフリカ，それにナイジェリアである。なお，オーストラリア，タイ，スペイン，オーストリア，チュニジアの参加も見込まれている。このプロジェクトによって，国際指標の案ができあがっていった。

　本書で問う授業観察指標はあくまで，パイロット版であるが，以上の趣旨とほぼ合致するもので，教育の「質保証」へと新たな飛躍を期すものである。当初，アジアや中南米，アフリカ向けに立ち上げたものであったが，JICAによってスペイン語に訳される段階で，国内にこそ必要ではないかとの危機感が途中から起こってきた。本指標は，国内で急を要する人事考課（merit rating），能力評価（teacher appraisal, competency assessment）に対応できるものである。日本では，古くより，「人の己を知らざるを患えず。人を知らざるを患う」「言を以って人を挙げず，人を以って言を廃せず」と儒教の思想がある。しかし，管理職が直接に教員一人ひとりと面談する機会は少なく，教員としては一方的に評価される不安や疑心暗鬼の状況がある中で，共通の指標が手元にあれば，評価に対する共通理解も進むであろう。また，本人にフィードバックすることにより，教員の資質能力が向上し，学校を活性化できるのではないかと，考えた。本書は，授業を通じて，教員，カリキュラム，学校運営などを評価する枠組みや指標を提案するものであり，将来的には，2003年度に制度化された専門

職大学院の教師に適用していくものとしても考えられる。

　なお，付録には，平成12年4月1日から，教育職員の人事考課制度が始まった東京都教育委員会のものをはじめ，対比してみていただけるよう，評価道具がつけてある。

　中央教育審議会義務教育特別部会（平成17年10月26日）では，以下のような答申が出されている。
(2)　**信頼される教師の養成・確保**
エ　教員評価の改善・充実
○　学校教育や教師に対する信頼を確保するために，教員評価への取組が必要である。教師の評価は，単に査定をするのではなく，教師にやる気と自信をもたせ，教師を育てる評価であることが重要である。
○　教員評価に当たっては，主観性や恣意性を排除し，客観性をもたせることが重要であり，教師の権限と責任を明確にし，それに基づいて行うことが効果的である。
○　優れた教師を顕彰し，それを処遇に反映させたり，教師の表彰を通じて社会全体に教師に対する信頼感と尊敬の念が醸成されるような環境を培うことが重要である。
○　高い指導力のある優れた教師を位置づけるものとして，スーパーティーチャーなどのような職種を設け，他の教師への指導助言や研修に当たるようにするなど，教師のキャリアの複線化を図ることを検討する必要がある（以上抜粋）。

　1998年，政府は半世紀ぶりに建築基準法を改正し，それまでの仕様規定が，性能規定に変更されたとのこと。性能規定とは，「国民の生命，健康，財産の保護のための必要最低限（「必要最大限」ではない）のもの」——この改正（規制緩和）によって，建築業界には国民の生命無視の業界エゴ的なコストダウン意

識が瞬く間に蔓延していったと思われる。今日の耐震偽装事件等は，その延長上で起こるべくして，起きたといえなくもない。このようなことが，教育の規制緩和についても懸念されるのである。規制緩和という，心地よい，まことしやかなことばで質の低下を見過ごしてはいけないのである。事後チェックの機構や仕組み，フィードバックプロセスを想定した上で，後手後手にならないよう先回りし，むしろ質の向上を目指して，大胆なプロセスを喚起し，それを打ち出した上で目標やインプットを考えなくてはいけない。

　その意味では，教育の質に関心のある全ての方々にとって，本書がそのたたき台となれば幸いである。読者対象は，具体的には，学校や教育行政に携わる方だけでなく，保護者・地域住民の方，特に学校評議員，さらに教育制度改革の流れの中で設置されているコミュニティ・スクールで採用されている学校理事会の理事の方，あるいは，高い質が求められる教員養成大学・附属学校園，国内外に目を向けた政府系機関（出先を含め）や開発援助機関にまで，すそ野は広がるよう願ってやまない。

　その際，国が行う全国学力調査とは，サブセットとして地方教育委員会が組み合わせられるようなもの—すなわち，「学習とカリキュラムを作ること（学習する組織）を大前提にした，教員の質の向上による学校の質の向上」を考えた。読者各層の手によって，日本的に手直しすることにより，さらに内容に厚みを与えるものとしていきたい。

2006年1月

　　　　　　　　　　　　　　　　　　　　　　　　　　　　　　　筆　者

目　次

はしがき　i

序　1

全体構成図　8

第1部　構成要素と指標 ———————————— 11

第1章　構成要素と指標および用語の解説　12

第1節　質の高い授業　12

1. 指導の明確化と教室のコミュニケーションの明確化　12
2. 指導上の技能（技，熟練，うまさ）　13
3. 学びを促進する指導計画（本時の学習指導案）　13
4. 参加型学習の推進とメタ認知能力の発達　14

第2節　学級環境　17

1. 学級経営　17
2. 学級風土と環境　18

第3節　長期指導計画　19

第4節　個に応じた指導　21

1. 個別化教育とインクルージョン　21
2. アセスメント（評定）と評価　27

第5節　教　師　40

1. 教師の知識（教科，教育方法，指導上必要なコンテンツの知識）　40
2. 教師の専門職性と振り返り　40

授業観察国際指標の要約　42

第2部　指標への日本での教育実践の反映および指標の日本での教育実践への反映―――43

第2章　用語の背景と国内動向との接点の解説　44
第1節　学級風土　44
第2節　長期指導計画　46
第3節　個に応じた指導　49
　1　完全習得学習と学習の次元　49
　2　学習スタイル　51
　3　複合的知性（多重知能）　54
第4節　多文化・多言語の教育　56
第5節　特別支援教育　58
第6節　評定と評価　63
　1　アセスメント（評定）　63
　2　指導要録　64
　3　絶対評価　68
　4　質保証に向けて留意すべき点　69
第7節　エバリュエーション（評価）　70
第8節　教師の知識（医者との対比において）　71

第3章　収集データによる国際指標への反映のまとめ　75
第1節　パネル委員からの指標(案)のまとめ―国際指標ができるまで　75
　1　質の高い授業　75
　2　学級環境　78
　3　長期指導計画　80
　4　個に応じた指導　80
　5　教　師　82

第2節　上記の経緯として日本側パネル委員からあがってきた指標（抜粋）
　　　　──国際指標ができるまで　　84
第3節　国際指標への日本の受け止めと日本からの反映
　　　　──国際指標ができてから　　87
　1　質の高い授業に対して　　89
　2　学級環境に対して　　90
　3　長期指導計画に対して　　92
　4　個に応じた指導に対して　　93
　5　教師の知識に対して　　94

第4章　授業評価と学校の活性化につながる学校研究　　97
　第1節　質の高い授業　　97
　第2節　学級環境　　100
　第3節　長期指導計画　　101
　第4節　個に応じた指導　　102
　第5節　教　　師　　105

付録1　海外用語解説読み物資料編────────────112
付録2　具体事例等新聞記事からの抜粋による解説────142
付録3　都道府県による人事考課と教員評価項目の例────156

引用・参考文献　　159
今後の課題と展望　　163
あとがき　　169

序

学校効果研究における授業観察と教師へのフィードバック国際指標作成の意義

　本書のベースとなった，ISTOF (International System for Teaching Observation and Feedback) 作成の理由は，以下のとおりである。英国のD.レイノルドは，次のように列挙している。

- 海外の教育政策を無批判に移植する前に，効果的な政策についての特殊な知識を獲得すること。
- 効果を説明する際に，どの，そしてなぜ，ある変数が国を横断していくものなのか，そうでないのか，の理解を促進すること。
- 学校と教室の質における差異の範囲を最大限開拓すること。

　生徒への教育的影響の大きさに関する現存する評価は，学校と教室の変数に関する研究知見の欠如による人工物である。学校と教室の変数における本当の力は，国際的サンプルとの比較研究によって示されているに過ぎない。

　こういう中で，組織されたISTOF国際指標開発に向けて行うべき事項は，以下のとおりである。

―教師や学校の効果に関する国際的な研究
―教師の効果に関する論文産出
―教室観察：
→フィールドワーク
―ISTOFによって収集されたデータから得た結果を適切にフィードバックするシステムを確立すること。そのシステムは，各国の特性に応じて開発すること。

　研究チームの人員について
―教師の効果研究に関する専門家や教師：

→各国のコーディネーターは効果的授業の構成要素に基づいて,パネルディスカッションを行い,国内の文脈に合わせた構成要素を作成すること。

→国内で作成した構成要素を米国の研究チームに送ってフィードバックをもらった後,パネルメンバーはフィードバックに基づいて構成要素を再考する。

ISTOF開発の中心的役割を担う米国のチャールズ・テドリーは,日本がこのようなプロジェクトに参加することを歓迎している。彼はこれまでの学校の教育効果を学校の改善に生かす,英国,オランダ,米国の違いや経緯を端的に次のような図で説明している。筆者は,これに日本の教育の持ち味を加えて,普段からの目の前の実践を改善していく,いわば,文化に支えられた実践(日本の学校の改善(kaizen)の特徴であるが)を,欧米流に,明示的に指標等を出していくことが,実践と政策とをつなぐという点を,図の上で主張してみた(図表序-1)。この中には,「教室に埋め込まれたアセスメント」(キャサリン・ルーイス)も折り込まれている。

図表序-1　学校効果と学校改善

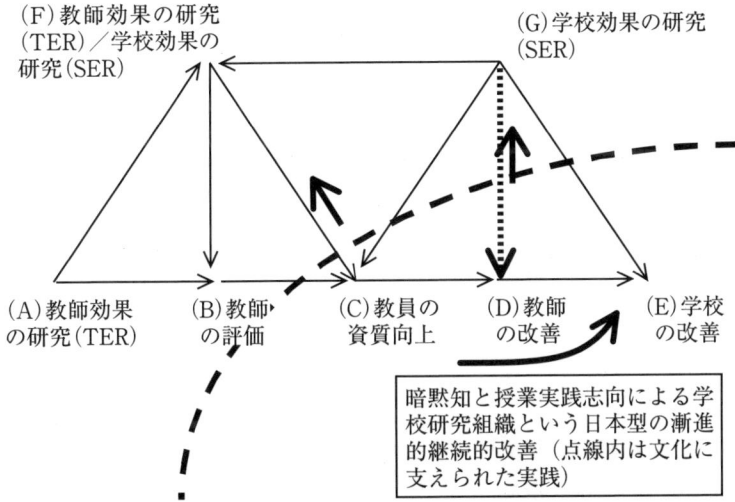

暗黙知と授業実践志向による学校研究組織という日本型の漸進的継続的改善（点線内は文化に支えられた実践）

○(A)教師の効果研究（TER）は、(B)教師の評価に情報提供してきた（特に米国）。
○(A)教師の効果研究（TER）は、(G)学校効果の研究と結び付けられ、(F)教師効果研究／学校効果研究として、促進されてきた（特にオランダ）。
○(F)教師効果研究／学校効果研究は、また、(B)教師評価に情報提供してきた
○個々の学校（あるいは研修センター）での、(C)教員の資質向上は、(B)教師の評価、(F)教師効果研究／学校効果研究 TER/SER、そして(G)学校効果の研究の結果によって、情報提供される。
○(C)教員の資質向上プログラムは、(D)教師改善を生み出すのに用いられ、それは、教師行動の積極的な変化からなる。教師行動の積極的な変化は、(G)の SER によって間接的に知らされることもある。
○教室行動での教師の改善は、生徒の学習に積極的な変化を生み出し、(E)学校改善に結びつく。

4
パネルメンバーの議論の結果は，次のとおりである。

質問（クエリー）1　第1次案
1．授　　業
　○荒れたり，学級崩壊がないよう「学習」に焦点を合わせる
　○心に落ちる授業
　○体験教育
2．改革・変化に対応できる教師
　○生徒からのフィードバックをもらって，反省する力
　○改革を乗り切る
3．指導・学級経営（特活）
　○先回りできる生活指導
　○子どもの把握力
　○給食指導等も含める
　○部活や行事に力を発揮する
　○リーダーシップをとる
4．教科・カリキュラム・教材理解
　○教科・学問への関心
　○アイデアを出してカリキュラムづくりができる
　○見過ごしがちな日常のものを取り上げて教材にする
　○異教科など超えて教師間で協力できる

質問（クエリー）1　第2次案
1．全人教育（意欲を含む）への願いと人間性，教師仲間との協調性（同僚性）
　特に初等教育では，想像以上に育てたい子どもへの願いに向けての同僚性が強い前提
2．学級経営（初等教育では学級集団（生活，学習）と中等教育では学校生活

や進路指導）

　日本の homeroom teacher の意味は，生活指導を含む（Rhodes 1994）。

3．学習の指導方法と指導テクニック（タクティクス含む）

　特に，教科書の無償配布が前提，中等では（教師主導型の学力差や目的への配慮の占める比重が大）

4．教科や教材理解，カリキュラムづくりと学力観

　特に，教科書を乗り越え，変化に対応する力と生徒からのフィードバックをもらって反省する力

　1と2が日本に特殊で，ぜひ盛り込みたい構成要素であるように考えられた。そして，以下のようにまとめてみた。

- 日本は超中央集権社会のようであるが，学校へのプレッシャーは強くなく国家がビルド（build）するというよりも，地域がシェイプ（shape）している。その中間はソフトな中間層（soft middle level）であり，きわめて自然な期待でこれまできている。
- 学校は，アカウンタビリティーに対する意識や感覚が求められていないし，学校の教育効果に対する切実な要求も鈍い。効果については目標が広く，曖昧なため，また納税者が投資に見返りを求めないほど，教育好きなのであろう。
- ただ，「保護者が学校に不信を示し塾に期待するのは，アカウンタビリティーへの日本的な表明の仕方である」といえる。
- 他方，数字で効果が示されているのは，試験に引っ張られた大学合格率など狭い実績であり，質に関しての目安などで議論がないのは，量（的拡大）よりも質の向上といった，成熟した競争主義になっていくのに時間がかかるためであろう。また，寄らば大樹の陰（belongingness）という国民の感覚による。
- しかし，時代は中央から地方への権限委譲の流れにあり，その流れは，ある程度の規制緩和ではもたない状況にあり，他省庁の文科省への政策への

風当たりは強くなりつつある。
- 学力調査を行う自治体は確実に増えているが，フィードバックや生かし方もまだまだ未成熟である。結果を伝え，自分の課題や成果を把握させ，学習意欲の喚起等指導に生かしているが，まだ，資格試験にまでは至らず，業者テスト利用の廃止の逆をいっているだけで，それらと相補的に拮抗しあうスクール・ベースト・アセスメント（School based assessment）までに至っていない。
- 中央では，現在高等教育は，大学評価機構（http://www.niad.ac.jp/）があるが，初等中等教育も，教員研修センター（http://www.nctd.go.jp/）などを，たとえば英国のOFSTED（教育水準局）にしていく余地はないかまで，考えている。
- 現在はinput modelとthroughput modelの間で，output modelにはいかない。国の学習指導要領にかわる自治体作成のものを，たとえば静岡県ではめざしている。
- いずれにしても日本ではフィードバックサイクルが現場（site-based）からおこり，中央が首尾一貫して，それをサポートする状況が模索されている。

こういう中で，われわれは，構成要素（components），不可欠な要素，重要かつ鍵となる構成要素を検討してきた。言語は文化の非常に大事な構成要素である。光りはその構成要素の色に分けることができる。われわれは，日本の「効果的な授業」「よい教師」のコンポーネントについての指標（indicator）をもとにしている。

最後に，お世話になったハイディ・クニプラス（オランダ在住），堀田宏明，池田伊三郎，滋野卓也，上岡学，白鳥信義，松本光弘，小清水貴子，深澤孝之，鈴木希彦，鈴木京子，次田彰（文部科学省），千々布敏也（国立教育政策研究所）のパネルメンバー，全国中学校教頭会，中でも栃木県宇都宮の先生方，そして

翻訳等でお世話になった，吉田誠（米国在住），平野美恵子，三輪充子，ジャクソン厚子，清水寿子，菅野綾さんの皆様に感謝申し上げたい。

本研究が，学校，教育委員会等教育関係者はもとより，ISTOFが世界銀行とも接点が探られていることから，本書を通じて，国立教育政策研究所が附属学校園を含め教員養成大学・学部と世界銀行との接点の受け皿となることを模索していきたい。

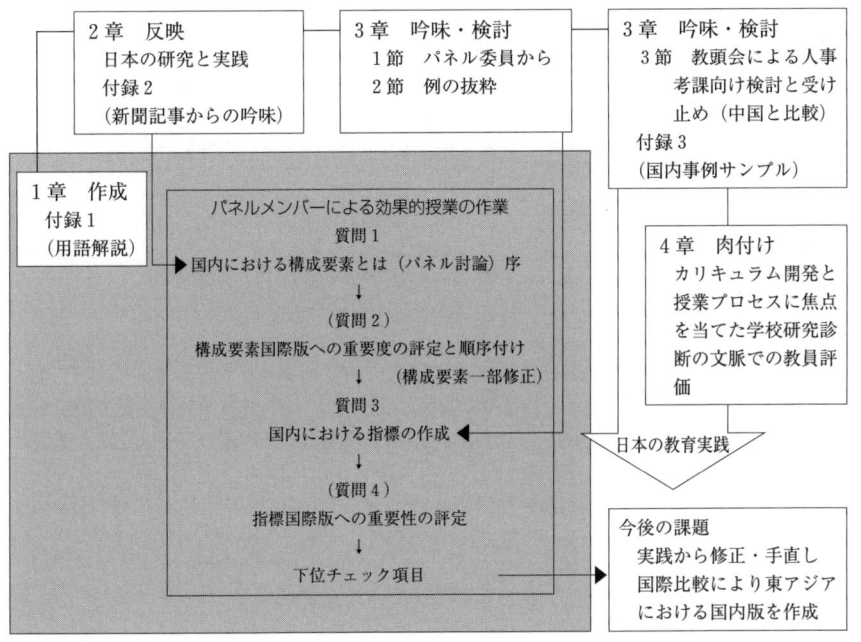

図表序-2　授業観察国際指標作成の経緯と本書の構成

質問（クエリー）3に従った自己申告(案)を形式はほぼ同じにして，次に掲載しておく。パネルメンバー一人ひとりが力量形成につながったと確信する課題である。

質問（クエリー）3　授業観察国際指標に従った自己申告（案）

設問「空白に3～5個の指標を作成し，コメントを添えて下さい」

1－1　指導の明確化と教室のコミュニケーションの明確化　教師は，生徒と直接かつ明確にコミュニケーションができるし，理解の水準と個人差にコミュニケーションを適合させることができる。教師は，教室の活動の目的を明確に説明する。教師は，よい聞き取りの技術をもち，児童生徒の潜在可能性を引き出すことができるよい促進者である。
・　　　　　　　　　　　　　　　　　　　（コメント） ・　　　　　　　　　　　　　　　　　　　（コメント） ・　　　　　　　　　　　　　　　　　　　（コメント）
1－2　指導上の技能（技，熟練，うまさ）　教師は，さまざまな教育技術を効果的に使用している。教師は基本的な教育技術，すなわち，最初の授業で約束事をきちんと決めること，授業をまとまりあるものとして構成すること，教材提示の方法，発問の方法，子どもの発言への傾聴，子どもの活動と教師の教えのバランス，補助教材の適切な使用を含む。
・　　　　　　　　　　　　　　　　　　　（コメント） ・　　　　　　　　　　　　　　　　　　　（コメント） ・　　　　　　　　　　　　　　　　　　　（コメント）
1－3　学びを促進するための指導計画　教師は，子どもの学びを促進するために，意欲的に学ぶ環境を創ることや，授業を効果的に計画している。児童生徒に伝わる明確かつはっきりした目標に基づいて指導を行っている。教師は，教材やリソースをよく準備しており，表現手段となっている。
・　　　　　　　　　　　　　　　　　　　（コメント） ・　　　　　　　　　　　　　　　　　　　（コメント） ・　　　　　　　　　　　　　　　　　　　（コメント）
1－4　参加型学習の推進とメタ認知能力の発達　教師は，子どもが高次の思考や学習を発達させることに配慮し，子どもがより高度の認識，批判的な思考，創造性，自己規律，より深い考えを育てるように配慮している。教師は，子どもがさまざまなタイプの問題解決能力を獲得するように支援している。また，教師は，構成主義（生得主義と逆で，子どもは学習により知識を創発することができる）の理念を理解し，教授実践に生かしている。すなわち，教師は子ども中心の授業を行い，学習内容を子どもの生活世界に結びつけることができる。教師は，子どもが様々な領域の学習をする際の自己像

(self-conception) と，学習に関する子ども固有の考え方を把握している。

・　　　　　　　　　　　　　　　　　　　（コメント） ・　　　　　　　　　　　　　　　　　　　（コメント） ・　　　　　　　　　　　　　　　　　　　（コメント）
2−1　学級経営　教師は，効果的に学級を経営する。よい時間管理をし，目的をもった授業の流れを確立している。児童生徒が自律性を発揮するのを認める一方で，明確かつ説明できる手続きとルールを含める，効果的な行動マネージメントを通じて全ての生徒の学習機会を可能にしている。
・　　　　　　　　　　　　　　　　　　　（コメント） ・　　　　　　　　　　　　　　　　　　　（コメント） ・　　　　　　　　　　　　　　　　　　　（コメント）
2−2　学級風土と環境　教師は，児童生徒間そして児童生徒と教師間で，相互尊重の雰囲気をもって積極的かつ学習者中心の環境を創造する。環境は安全かつよく思い遣り気遣うものである。全ての児童生徒に高い期待がかけられているし，教師によって児童生徒に明確なコミュニケーションがされている。教師は子どもたちに純粋な感情や気持ちを表明する。全ての児童生徒は評価されていると感じて自己概念を高める経験をしている。
・　　　　　　　　　　　　　　　　　　　（コメント） ・　　　　　　　　　　　　　　　　　　　（コメント） ・　　　　　　　　　　　　　　　　　　　（コメント）
3　長期指導計画　教師は，目標と内容を，児童生徒の発達に応じて，学校および地域の実態を生かして，授業時数との関連において組織し，教材を選択し，学習活動と評価方法を編成して，何のために，何を，いつ，どこで，いかにして教授し，学習するかを，総合的に，体系的に示している。
・　　　　　　　　　　　　　　　　　　　（コメント） ・　　　　　　　　　　　　　　　　　　　（コメント） ・　　　　　　　　　　　　　　　　　　　（コメント）
4−1　個別化教育とインクルージョン　教師は，個々の子どものニーズを把握し，かつ，それに適応した授業を行っている。教師は，一人ひとりの子どもの発達を見守っており，と同時にすべての子どもが学習のコミュニティに含まれ，力づけられている。

・	（コメント）
・	（コメント）
・	（コメント）

4-2 評定と評価 教師は，指導の間ずっと，あるいは場面の後で，児童生徒の学習の見極め評定と評価を行うのにいろいろな技法を用いる。学習目標が到達されるかどうかをチェックするために，そして児童生徒のニーズや進捗状況に指導を適合させるために。見極め評定から集められた情報に基づいて，教師はまた自分自身を評価する，そして，どのように指導スキルと実践を改善するかについて意思決定をする。見極め評定手続きは，生徒の自己評価とメタ認知スキルを高めることをめざしつつ，即座かつ形成的なフィードバックを含む。

・	（コメント）
・	（コメント）
・	（コメント）

5-1 教師の知識（教科，教育方法，指導上必要なコンテンツの知識） 教師は，教える教科の内容や，教授法，学習理論，動機づけ理論や人間行動理論についてよく知っており，これらの知識を実践に生かすことができる。教師はこれらの知識ベースをカリキュラムの組織に反映させ，子どもの学びを生き生きとさせる。

・	（コメント）
・	（コメント）
・	（コメント）

5-2 教師の専門職性と振り返り 教師は，自らの教育実践を批判的に振り返り，同僚と討議し，生涯を通じて自らの力量を伸ばしている。日常的に知識や技能を磨いている。学校をめぐる環境の変化や教育政策の変更に機敏に対応でき，変革に向けた創造性を有している。

・	（コメント）
・	（コメント）
・	（コメント）

第1部
構成要素と指標

　第1部として，国際指標を提示する。11の構成要素を，質の高い授業，学級環境，長期指導計画，個に応じた指導，教師という5つの大きなまとまりとして，構成要素の定義，各構成要素下での指標，授業観察に加える方法論について述べ，特に米国サイドからの用語の解説を加えている。

第1章　構成要素と指標および用語の解説

　第1章では，国際指標を提示する。11の構成要素を，質の高い授業，学級環境，長期指導計画，個に応じた指導，教師という5つの大きなまとまりとして，構成要素の定義，各構成要素下での指標，授業観察に加える方法論について述べ，特に米国サイドからの用語の解説を加えている。

第1節　質の高い授業

1　指導の明確化と教室のコミュニケーションの明確化

📖 構成要素の定義
　教師は，生徒と直接かつ明確にコミュニケーションができるし，理解の水準と個人差にコミュニケーションを適合させることができる。教師は，教室の活動の目的を明確に説明する。教師は，よい聞き取りの技術をもち，児童生徒の潜在可能性を引き出すことができるよい促進者である。

📖 本構成要素下での指標
　1．活動の目的を明確に説明している。
　2．教師は適切なコミュニケーション能力を示している。
　3．授業内容は適切に構成されている。
　4．教師は多様な手本や図解などの実例を用いている。

📖 授業観察に加える方法論例　観察　児童生徒による評定

2　指導上の技能（技，熟練，うまさ）

📖 構成要素の定義

　教師は，さまざまな教育技術を効果的に使用している。教師は基本的な教育技術，すなわち，最初の授業で約束事をきちんと決めること，授業をまとまりあるものとして構成すること，教材提示の方法，発問の方法，子どもの発言への傾聴，子どもの活動と教師の指導のバランス，補助教材の適切な使用を含む。

📖 本構成要素下での指標

1．教師は児童生徒に関与することができる。
2．教師はテクノロジーや他の補助教材を適切に取り入れている。
3．教師は児童生徒の意見を引き出す発問の技術をもっている。
4．教師はさまざまな教育技術と実践の方法を使っている。
5．教師はモデリングの技術を使っている（付録参照）。
6．はっきりとした目標と授業の学習項目が明示されている。

📖 授業観察に加える方法論例　観察　児童生徒による評定

3　学びを促進する指導計画（本時の学習指導案）

📖 構成要素の定義

　教師は，子どもの学びを促進するために，意欲的に学ぶ環境を創ることや，授業を効果的に計画している。児童生徒に伝わる明確かつはっきりした目標に基づいて指導を行っている。教師は，教材やリソースをよく準備しており，表現手段となっている。

📖 本構成要素下での指標

1．効果的に計画されている。
2．学習のリソースと教材が適切に準備されている。
3．計画は連続性があり，構成がしっかりしている。

📖 授業観察に加える方法論例

児童生徒による評定　文書分析と自己報告を加味

4　参加型学習の推進とメタ認知能力の発達

📖 構成要素の定義

教師は，子どもが高次の思考や学習を発達させることに配慮し，子どもがより高度の認識，批判的な思考，創造性，自己規律，より深い考えを育てるように配慮している。教師は，子どもがさまざまなタイプの問題解決能力を獲得するように支援している。

教師は，構成主義（生得主義と逆で，子どもは学習により知識を創発することができる）の理念を理解し，教授実践に生かしている。すなわち，教師は子ども中心の授業を行い，学習内容を子どもの生活世界に結びつけることができる。教師は，子どもがさまざまな領域の学習をする際の自己像（self-conception）と，学習に関する子ども固有の考え方を把握している。

📖 本構成要素下での指標

1．教師は児童の問題解決やメタ認知能力の発達を支援している（付録参照）。
2．教師は児童生徒の批判的思考能力の促進を支援している。
3．教師は深い思考力の発達に重点をおいている。
4．教師は児童生徒が積極的な学習者として振る舞える機会を与えている。
5．教師は学習内容を児童生徒の現実生活に結び付けている。

📖 授業観察に加える方法論例

観察　児童生徒による評定　文書分析と自己報告を加味

(1)　アクティブ・ラーニング：参加型学習（active learning）

机について座りながら読んだり，ワークシートに記入したり，先生の話を聞くよりはむしろ，動き回り物事をすることによって児童生徒が学ぶあらゆる状況。参加型学習は，児童生徒が参加し活発でないならば，彼らは十分に従事も

しないし十全に学習もしないという前提に基づく。一部の教育者は学校外活動（たとえば，ボランティアでの地域奉仕活動）を意味する用語に限定するが，他方で教室においてシェークスピア劇を実行することが参加型学習であるともいわれる。下記の Cooperative learning ともいわれる。

(2) コオペラティブ・ラーニング：共同学習（cooperative learning）

個人およびグループの責任能力とチームワークを組み合わせる教育ストラテジー。才能，能力および背景の異なる小集団で，生徒はひとつ以上のタスクを与えられる。教師またはグループは，タスクの完了にとって必要な直接責任を各チーム・メンバーにしばしば割り当てる。共同学習は，よく使用されている手法であり，生徒が知識とソーシャルスキルの両方を得ることを可能にするものである。生徒は，そのような機会がなかったら出会うこともなかったかもしれないグループ・メンバーとお互いに学びあい，知りあい，尊重するようになる。共同学習の研究では，適切に使用された共同学習は学生の学力を伸ばすことができることを示している。このストラテジーを使用する学校は，生徒自身がグループにとって貴重で，必要な存在であると感じることから，出席率が改善すると報告している。

(3) 構成主義（constructivism）

人がどのように学習するかの研究に基づいた，教授法へのアプローチ。多くの研究者が，各個人は他人から知識を受け取るのではなく，「構築する」という。構成的学習を達成する方法に関しては反対意見が多いが，生徒が抽象概念を理解するには，調査，推論および議論を通じて理解するのが最善の策である，と信じている教育者も多い。

(4) メタ認知 (metacognition)

　意識したり，ある程度自分自身の思考をコントロールしたりする能力のこと。プロセス自体へのプロセスの適用について言及するために，教育者は接頭辞「meta」を使用するようになった（たとえば，メタ分析はあるトピックに関して多くの調査研究を分析することを指す）。ここでは，認知とは思考することである。したがって，メタ認知は自分の思考に関して思考することを意味する。複数の段階を踏む問題を解決するにあたって，進歩をたどることができる場合，あるいは意味を拾うことなく本のページを眺めていることに気づいて，思考が横道にそれた場所を見つけるまで引き返すような場合に，メタ認知が使われている。

(5) 批判的思考 (critical thinking)

　確かな証拠に基づいた論理的思考。偏見的で不注意な思考の反対。"critical（批判的）"の語を，否定やあら探しを意味するととる人もいる。しかし，哲学者は，熟練した，責任を負う思考を意味するものと考えている。批判的思考をする人は，その人自身が同意できないと思っている点について，正確に適正に説明することができる。

(6) 高次の思考 (higher-order thinking)

　研究者ローレン・レスニックは高次思考を，解決を見つける方法が特定されないとき，およびひとつではなく多数の解決策を産出するときに必要とされる思考と定義した。高次思考は，解釈，自己規制，複数の基準という矛盾しえるものを伴うため，精神的努力を必要とするものである。生徒の高次思考能力を発達させるように努める教師は，生徒にただ単に教師のいうことを思い出させるだけでなく，分析，比較，対象，一般化，問題解決，調査，実験，創造させるような活動に取り組ませる。高次思考に関連して用いられる他の用語には，批判的思考，複雑な推論および思考技術の語を含む。

(7) 本質的問い（essential questions）

「アメリカ人の経験（日本人の経験と置き換えて考えてもよい）で特殊なことは何か」のように，コースあるいは研究の1ユニットに焦点を与えるのに使われる根本的な問いのこと。そのような質問は，答えを簡潔に要約することができない，きわめて重要なテーマおよびトピックから派生していなければならない。

第2節　学級環境

1　学級経営

📖 構成要素の定義

教師は，効果的に学級を経営する。適切な時間管理をし，目的をもった授業の流れを確立している。児童生徒が自律性を発揮するのを認める一方で，明確な手続きとルールを含む，効果的な行動マネージメントを通じてすべての生徒の学習機会を可能にしている。

📖 本構成要素下での指標

1．クラスの約束事が明確にされている。
2．学習に従事する時間を最大にしている。
3．児童生徒は学級づくりに参加している。
4．児童生徒の問題行動は効果的に対処されている。
5．時間管理や教室の活動の流れは効果的に管理されている。

📖 授業観察に加える方法論例

観察　児童生徒による評定

(1) 学級経営（classroom management）

教師が教室での生活をできるだけ生産的で満足のいくものにするために，

ルーチンを組織し，処理する方法。狭い意味で「訓練」として厳密に記述されることもある。たとえば，よい学級経営をする教師は，さまざまなもの（物資と設備の分配のような）がどのようにして行われることになっているかを明確にし，新学年度の始めには決められたやり方を生徒に練習させる。

2　学級風土と環境

構成要素の定義

教師は，児童生徒間そして児童生徒と教師間で，相互尊重の雰囲気をもって積極的かつ学習者中心の環境を創造する。環境は安全かつよく思いやり気遣うものである。すべての児童生徒に高い期待がかけられているし，教師によって児童生徒に明確なコミュニケーションがされている。教師は子どもたちに純粋な感情や気持ちを表明する。すべての児童生徒は評価されていると感じて自己認識を高める経験をしている。

本構成要素下での指標

1．児童生徒全員が価値ある存在として尊重されている。
2．教師は児童生徒全員と相互に交流している。
3．教師は高い期待をもち，それを伝えている。
4．教師は積極的な活動への参加を促している。

授業観察に加える方法論例

観察　児童生徒による評定

(1)　学級風土（classroom climate）

教室の「感じ」あるいは傾向は，特に教師と学生が互いと関わりあう方法を含む，全体的な環境によって示される。冷たくよそよそしく，敵対のムードをもつ教室もあれば，暖かく親しみのある教室もある。生産的な教室もあれば，非効率的なクラスもある。

第3節　長期指導計画

📖 構成要素の定義

　カリキュラムのことを，日本では教育課程ともいう。カリキュラムということばは，もともと競走路という意味をもつラテン語から発展したもので，学習の経路ということができる。

　教育課程とは，「学校の指導のもとに，実際に児童生徒がもつところの教育的な諸経験，または諸活動の全体である」と，学習者中心の立場にたって定義することもできる。しかし教育には，目標，内容，および方法などの要素が不可欠であり，次のように定義するのが一般的である。「教育課程とは，目標と内容を，児童生徒の発達に応じて，学校および地域の実態を生かして，授業時数との関連において組織し，教材を選択し，学習活動と評価方法を編成して，何のために，何を，いつ，どこで，いかにして教授し，学習するかを，総合的に，体系的に示した学校の教育計画である」。

📖 本構成要素下での指標

　1．長期指導計画は，それぞれの特殊な状況に適合するよう計画されている。
　2．アセスメントは，長期指導計画の中に組み込まれている。

📖 授業観察に加える方法論例

　文書分析と自己報告

(1) カリキュラム（curriculum）

　この用語は多くの意味をもつが，通常は生徒が教えられる（教科課程）計画のアウトラインが書き記されたものを意味する。カリキュラム・ドキュメントはさらに，内容を教えるための詳細な指示あるいは提案を含んでいることが多い。カリキュラムは，所定の学校で提示されたすべてのコース，あるいは，研究の特別のエリアの学校で提示されたすべてのコースを指すこともある。たと

えば，英語のカリキュラムは英文学，文学，世界文学，エッセイ・スタイル，創作，ビジネス・ライティング，シェークスピア，現代詩および小説を含むこともある。小学校のカリキュラムは，通常，国語科，数学，理科，社会科および他の科目を含む。

(2) 総合カリキュラム (integrated curriculum)

通常の区分の上での，個別の科目の知識に依存しない教授・学習方法。トピックは，教師や生徒に関心があり，価値があると判断されたものが取り上げられ，学習される。必ずしも，教科学習に必要とされる項目というわけではない。

総合的カリキュラムおよび学際的カリキュラムは両方とも，生徒に関係をわからせるように意図されている。しかし，総合的カリキュラムと異なり，学際的カリキュラムは2つ以上の特定できる学問分野つまり教科からその内容を取り出している。

(3) 学際的カリキュラム (interdisciplinary curriculum)

あるひとつのトピックについて，複数の学際分野から学習内容を選定し，カリキュラムを組織する方法である。たとえば，「海」というトピックについて，海や沿岸で人生を過ごす人びとの詩や話を読んだり，沿岸地区の地理に関する学習をしたり，なぜ海岸・内陸の人びとが異なる生活を営むかを調査することなど，「文学」と「社会科」を総合して学習する。有効な学際的研究は次の要素をもつ。

- いくつかの視点から見て学ぶことそれ自体が役立つトピック。
- 教師が，生徒に調査を望むひとつ以上のテーマ（あるいは本質的問い）。
- ひとつ以上の学問分野あるいは科目の知識間の関係を築くことにより，学生の理解を促進するようになっている活動。

(4) **主題的ユニット**（thematic unit）

特定のテーマに焦点をあてた，カリキュラムの一部分。学校の学習課程は，1〜6週続くユニットに分割されることが多い。たとえば，文学の課程は，個人と社会に関する4週間のユニットを含む。

(5) **コア・カリキュラム：必修科目**（core curriculum）

生徒が学習することを期待されている，知識の総体。高校は，たとえば4年間の英語，3年間の理科および数学，2あるいは3年間の歴史，1あるいは2年間の外国語および1年間の保健体育を含むコア・カリキュラムを要求することが普通である。必修ではないコースは electives（選択科目）と呼ばれる。コア・カリキュラムという用語は，生徒と教師が選んだトピックについて学ぶ，一定の時間のプログラム（2つ以上の授業時間）のことを意味するものとして，20世紀中盤から使用された。しかし，全米では残念なことに，今日の学校でそのようなプログラムをもっている学校は少なくなりつつある。

第4節　個に応じた指導

1　個別化教育とインクルージョン

構成要素の定義

教師は，個々の子どものニーズを把握し，かつ，それに適応した授業を行っている。教師は，一人ひとりの子どもの発達を見守っており，と同時にすべての子どもが学習のコミュニティに含まれ，力づけられている。

本構成要素下での指標

1．教師は児童生徒の個性について十分に説明できる。
2．教師は児童生徒の全員が参加できる環境づくりをしている。
3．個々の児童生徒のニーズに配慮した計画を立てている。

📖 授業観察に加える方法論例　観察　児童生徒による評定

(1) 完全習得学習（mastery learning）

　次のものに進む前に，児童生徒がある科目の各増量分をマスターしたかどうかを確かめるための指示を組織する方法。主題は階層的に組織された連続するステップに細分することができると仮定している。心理学者ベンジャミン・ブルームによって公式化された古典的完全学習モデルは，1ユニット教えたら，形成テストを与えるように，教師に要求する。完全学習した児童生徒は質の高い作業を行う一方，習得しない児童生徒は異なる方法でそれを学ぶ。その後，すべての生徒は総括的テスト（すべての生徒が合格すると思われる）を受ける。

(2) 心の習慣（habits of mind）

　計画を立ててそれに従うことができるか，有効な情報に基づいて決定を下すことができるかなど，人生で成功するためのふるまい方や心的態度のこと。学習プログラムの次元で求められた思考の傾向は批判的思考，創造的思考および自己規制された学習という項目で分類される。近年，完全習得学習を補うものとして提案されている。

(3) 学習スタイル（learning styles）

　個々の児童生徒がもつ，より容易に学習するための方法のこと。研究者は，認知スタイル（学習状況に関して，ある人にとっての考えがちな習慣），特定の感覚（見る，聞く，触れること）を使用する傾向，および個別に作業することを好むか，あるいは他者と協働して作業することを好むかどうかのような他の特性を含むスタイルの違いを分類する方法を考案した。学習スタイルの主張者は，学業不振児の長所を補足する方法で教えることにより，標準テストのスコアを増加させえることを示すものとして研究を解釈している。たとえば聴覚が強い生徒は聞くときに情報を学習し，思い出す。一方，筋運動感覚のすぐれ

た者は，ロールプレイをしたり，ゲームのような活動によって学習は最大化する。

(4) 複合的知性（多重知能）(multiple intelligences)

知能に関する理論は，ハワード・ガードナー（ハーバード大学の教育学教授）によって1980年代に発展した。ガードナーは，知能を「1かそれ以上の文化的背景において評価される，問題を解決するあるいは生産物を作り出すキャパシティー」として広く定義している。彼は知能を7つに識別した。言語的，論理・数学的，音楽，空間，筋運動感覚，人間間，個人内の7つである。彼は後に，博物学者を含めて，精神的，存在的ないくつかのものの存在を示唆した。量は異なりながら，誰でも知能をもっている。多角的知能アプローチを使用する教師は生徒がいくつかの知能を使える方法で主題を示すことに努力する。たとえば，南北戦争を教えるとき，その時代の歌を使用したり，生徒に実際に太陽のまわりの惑星の回転を演じさせることで太陽系を教えるといったことが考えられる。

Source : Quote from "Multiple Intelligences Go to School : Educational Implications of the Theory of Multiple Intelligences," by H. Gardner & T. Hatch, 1989, in Educational Researcher, 18(8), 4-9.

(5) 英才(児)(gifted and talented)

The National Association for Gifted Children (NAGC) は，「才能のある個人とは，ひとつ以上の表現分野で卓越したパフォーマンスのレベルを見せている，もしくは見せる可能性をもっている人物である」と述べている。たとえば，芸術家，バイオリン奏者あるいは物理学者のように優れた才能のある人がいる。20世紀には，天才がIQテストによって通常測定された。また，人口の上部2パーセントの人びとは，天才であると考えられた。しかしながら，テスト・スコアは，一貫して優れているパフォーマンスによるものほどには天才性を示さ

ないと信じる専門家もいる。連邦法は，特定の学術分野で，あるいは創造性とリーダーシップのような分野で高い能力を示す子ども，彼らの能力を最大限伸ばすために通常学校教育でされる以外のサービスや活動を必要とする子どもを，英才性のある子どもと呼ぶ。

Source : Quote from "Who Are the Gifted?" in Parent Information [Web page], Washington, DC : National Association for Gifted Children. Retrieved February 21, 2002, from http://www.nagc.org/ParentInfo/index.html

(6) **特別教育**（special education）
　障害をもち，特別な教育上の支援を必要とする生徒のための，潜在的な能力を伸ばすプログラムのこと。これには特別に訓練された教師，革新的技術，教育資材，リソース・ルームへのアクセスあるいは外部配置などを含むこともありえる。この用語は，才能があると考えられる人びとのためのプログラムを含むこともある。

(7) **特別支援生**（special-needs students）
　身体的，発展的あるいは行動情緒的な障害のために，可能性を伸ばす特別の教育上支援を必要とする生徒のこと。

(8) **インクルージョン**（inclusion）
　「本来的に，すべての子どもは特別な教育的ニーズを有するのであるから，さまざまな状態の子どもたちが学習集団に存在していることを前提としながら，学習計画や教育体制を最初から組み立て直そう」「すべての子どもたちを包み込んでいこう」とする理念で，通常学級とも関わる。
　肉体上，精神上，成長上の障害をもった子どもを含めすべての子どもを同じ教室で教育する実践。インクルージョン・クラスは，担任教師に特別の助手を必要とする。完全にインクルージョンをしている学校あるいは教室では，すべ

ての子どもがすべて同じスケジュールで活動する。皆が同じ見学旅行，課外活動および集会に関わる。The 1975 Education for All Handicapped Children Act (P. L. 94-142) は，可能な限りもっとも限定的でない環境でそれぞれの子どもの関連するサービスを備えた，自由で適切な教育の要求および，対象となる子どものための Individualized Education Program (IEP) により，インクルージョンを論争の的のトピックにした。1991年には，法案が the Individuals with Disabilities Education Act (IDEA) と改名された。また，修正により，障害の定義は広げられ，関連するサービスが加えられた。インクルージョンをめぐる論争のひとつに，「可能な限りもっとも限定的でない環境」をどのように解釈するかを含んでいる。完全インクルージョンの支持者は，一般の学校での完全な対策を意味するもの，つまり個々の児童生徒および利用可能なスタッフ，および設備を考え，個別的な決定と解釈する人びともいる。たとえば，ある専門家，および学習障害をもった子どもの親は，異なる教育ストラテジーを使用した代替設備に生じるいくつかの活動および学習経験で，子どもたちは部分的なインクルージョンから利益を得ると信じる。一方，特別なニーズをもった子どもの親を含む反対者もいる。彼らは，障害をもった子どもの存在が平均的および才能のある生徒を阻害し，特別なニーズの生徒が秩序を乱すため，インクルージョンが役立たないと思っている。

インクルージョンの支援者は，すべての生徒は構造化されたインクルージョンの教室でよく役割を果たし，障害をもった子どもは仲間からより理解と尊敬を得，すべての生徒が一緒に作業することにより利益を得ると主張する。

(9) メイン・ストリーミング（mainstreaming）

通常の教室に障害をもった生徒を入れる実践。障害をもつ生徒は通常，しばしばリソース・ルームといわれる個別の教室で援助および授業を受ける（一般教室で，障害をもった生徒が常に，あるいはほぼすべての時間を過ごすプログラムは，インクルージョンかフルインクルージョン・プログラムと呼ばれる。

特殊学級も部分的なインクルージョンとして知られている)。成功する特殊学級は教師，生徒，親の間の定期的なコミュニケーションおよび協力を要求すると専門家はいう。Individualized Education Programs (IEP) は共同で開発し，徹底的に理解しあい，注意深く続けられる必要がある。担任教師は，特殊教育スタッフからの特別のトレーニングおよび援助を必要とすることもある。さらに，一般の生徒が特別のニーズをもった仲間に関する情報をもっている場合，特殊学級はより有効である。

(10) 学習障害 (learning disability)

学習不能症（生徒の学習能力を阻害する条件）を指す別の用語。たとえば，読書不能を意味する失読症の人がいる。この条件をもった人びとは，脳に何らかの先天的機能障害を負っており，その結果としてアルファベットの文字を識別し，紙に書かれた言葉を意味のある言語に翻訳するのに問題がある。

(11) ディスレクシア：失読症 (dyslexia)

失読症は神経学上に起因する学習障害である。正確・流暢な単語認識の困難，および貧弱な綴り・解読能力によって特徴づけられる。これらの障害は，多くの場合，他の認知能力や効果的な教室指示に関連せず，突発的な言語の音韻論的要素の欠損に起因するのが典型である。二次的な結果として，語彙と背景的知識の成長を妨害しえる読解上の問題や読書体験の縮小を含む。

(12) スキャフォールディング：足場組み (scaffolding)

教師の支援がなければ行うことができない複雑なタスクで，成功を確実にするために教師が生徒の支援をする方法。教えることのほとんどは，スタートする前にではなく，生徒がタスクに取り掛かるとともに終っている。たとえば，小学生のグループが学生新聞を作るにあたって，教師はインタビューを行い，ニュース記事を書き，写真のためにキャプションを準備する方法を彼らに教え

る。教師は，生徒に取り組みを成功させるように生徒を支援するところから，労働者が建物のまわりに設置する足場のイメージを与える。生徒が熟練するにしたがって，教師はもはや必要でなくなった足場を取り去って，生徒により多くの責任を与える（この徐々の撤回は「フェイディング」と呼ばれている）。

2 アセスメント（評定）と評価

📖 構成要素の定義

　教師は，指導の間ずっと，あるいは場面の後で，児童生徒の学習の見極めである評定と評価を行うのにいろいろな技法を用いる。学習目標が到達されるかどうかをチェックするために，そして児童生徒のニーズや進捗状況に指導を適合させるためにである。見極め評定から集められた情報に基づいて，教師はまた自分自身を評価する，そして，どのように指導スキルと実践を改善するかについて意思決定をする。見極め評定手続きは，生徒の自己評価とメタ認知スキルを高めることをめざしつつ，即時かつ形成的なフィードバックを含む。

📖 本構成要素下での指標

1．目標と学習項目と合ったアセスメントを行っている。
2．多様なアセスメントを使用している。
3．教師は明示的で具体的なフィードバックを与えている。
4．アセスメントは定期的に行われている。

📖 授業観察に加える方法論例

　観察　児童生徒による評定　文書分析と自己報告を加味

(1) 評　価（evaluation）

　ほとんどの教育現場では，評価とは児童生徒の作業，学校，特定の教育プログラムの質を測定，比較および判定することを意味している。特に英国では，児童生徒の作業については，アセスメントと呼んでいる。

(2) アセスメント（評定）(assessment)

　児童生徒のパフォーマンスの情報を収集し，記述または定量化するプロセスである。児童生徒や教師の学習および達成を測ること。評価方法にはさまざまなタイプがあり，具体的にはアチーブメントテスト，最小限熟達テスト，発達的選別テスト，適性テスト，観察的方法，遂行タスク，客観性のある評定法などがある。

　評価において特別な手法を用いることの有益性は，意図した目的に適切なものを用いることができるという点である。たとえば，多肢選択問題や正解不正解問題，空所補充問題などは，基礎的なスキルを評価するためや児童生徒が覚えているかどうかを確かめるために用いられる。

　パフォーマンスによる評価法では，たとえばバレーボールをサーブしたり，特別な形式の算数の問題を解いたり，製品について質問するために短いビジネスレターを書いたりするというように，児童生徒がタスクを遂行することが求められている。このようなタスクは，児童生徒が学校で学んだ知識を適用する能力を評価するために用いられることがある。たとえば，土壌のpH値を測定することで，どの土壌でどんな種類の植物がよく育つかを生徒に考えさせたりすることもある。

　客観性のある評定法とは，人為的でも計画されたものでもないパフォーマンスによる評価のことである。より客観的な評価を望む教育者は，学校におけるほとんどのテストが計画されたものであることを懸念している。空想の会社に対して手紙を書くことは，現実的な目的を達成するために生身の人間や会社に手紙を書くことがどれだけむずかしいかを知っていることを教師に対して証明するだけである。より客観的に評価をするひとつの方法としては，児童生徒に，自分たちの学んだことを証明できるような特定のタスクを，自身で選ばせるというものである。具体的には，ある生徒は石油流出に関連する問題を取り上げ，それを説明するモデルを発展させることによって，科学におけるある単元についての理解を証明するかもしれないということである。

(3) **基準ベースリフォーム**（standards-based reform）

学校を改善するプログラムで，生徒全員に高い目標を設定し，その目標を全生徒が達成するのを確実にするための指導方法と査定を作ることを含む．

(4) **基準重視の教育**（standards-based education）

児童生徒が定められた基準をマスターすることを直接求めるような教育のこと．アメリカ合衆国では，現在ではほとんどすべての州がカリキュラムにおける基準を適用しており，教師たちは，児童生徒がその基準を達成できるような教育をすることを求められている．専門家によると，このことは，教師が，おのおのの基準のもつ意味についてはっきりと考えること，たとえば，それが何を評価できる，評価するものなのかを明確に考えなければならないということ，また児童生徒個人がおのおのの重要な基準をどの程度達成しているかをモニターすべきであるということを意味しているとされている．

(5) **世界に通用する水準**（world-class standards）

先進工業国の児童生徒が期待される項目や遂行レベルのこと．また，アメリカにおける，他の工業化した国々の児童生徒の有する学術的な達成度や知識を取り入れようという動きを表すときも使われる．1993年に，「New Standard」（これは国立教育センターと経済学習研究開発センターの合同プロジェクトである）によって，国際的なテストにおいて児童生徒が優秀な成績を収めた，または市民が経済的に発展し，熟練した仕事をもつ国々からテストや書類の収集と分析が始められている．このプロジェクトによると，教育システムは明確で，一貫しているときに成功するものだという見解を基にしており，学校や国の文化において理解されうる公的な水準を要求している．

(6) **アセスメント・システム**（assessment system）

マルチ評価と生徒・学校・地域・州についての重要な決定に作用する，包括

的で信用・信頼できる情報を生み出す総合リポート形式のコンビネーション。評価システムは，1．目標準拠評価（いわゆる絶対評価），または，2．集団準拠評価（いわゆる相対評価），3．代替アセスメント，および，4．クラスルーム・アセスメントから成る。

(7)　**目標準拠評価：いわゆる絶対評価**（criterion-referenced assessment）

　他の生徒との比較ではなく，個々のパフォーマンスを決められた学習目標またはパフォーマンス基準と比較するアセスメント。目標準拠評価は，児童生徒たちが，達成目標に対しどの程度修得できたかを知ることができる。ただ単に彼らのパフォーマンスを他の集団グループと全国的または地域的に比較するためのものではない。0または100％の被験者が，ある一定のゴールかパフォーマンス基準に到達することが可能である。例として，"生徒全員が，天文学，気象学，地質学，海洋学，物理学の概念を適用して，地球を構成している力について解説するために技量を披露した。"というものがある。ある児童生徒がどのように完璧にある特定の知識体系について学習したかを測るために用いられるテスト。他の児童生徒がどれほどよくそれについて学習したかどうか参照することはない。全国規模で統一的に用いられているアチーブメントテストのほとんどは，平均参照によるもので，たとえばテストが平均であったとき，平均グループにいる児童生徒たちがどの程度よくできているかを比較するというものである。基準参照によるテストは学区や州における特別なカリキュラムに直接関連しているもので，固定化された基準によって点数化される。

(8)　**集団準拠評価：いわゆる相対評価**（norm-referenced assessment）

　生徒のパフォーマンスを集団と比較するアセスメント。通常は，大きなグループまたは"基準グループ"が，生徒の広く多様な一面を表示する全国サンプルとなる。米国では，生徒，学校，地域，場合によっては州全体が基準グループと比較され，ランク付けされる。集団準拠評価の目的は普通，生徒を振

り分けることであり,パフォーマンスのある基準に向けた到達度を測定するものではない。ある児童生徒の達成具合いを,他の児童生徒の達成具合いと比較して測定するために用いられる統一テストのこと。ほとんどの統一テストは,平均参照のものであり,たとえば,ある児童生徒の達成具合いを平均グループにいる児童生徒の達成の度合いと比較するというものである。平均参照によるテストにおける点数は,しばしば学年レベル同等,または初期の児童生徒の点数から割り出したパーセンテージに換算して出される。

(9) 代替アセスメント(alternative assessment)

代替アセスメント(およびオーセンティックまたはパフォーマンス・アセスメント)とは,与えられた答えから選ぶのではなく,生徒に自分で答えを見つけさせるアセスメント(評価法)である。代替アセスメントとして使われている例として,展示,調査,デモンストレーション,書面または口頭による回答,ジャーナル,ポートフォリオなどがある。理想としては,代替アセスメントは生徒に達成のハードルが高い作業の遂行を要求し,生徒は既存の知識,最新の学習,関連性のあるスキルのすべてを使って,与えられた問題を解いていく。代替アセスメントは評価システムのひとつの重要な要素である。

(10) パフォーマンス・アセスメント(performance assessment)

代替アセスメントを参照。

(11) ポートフォリオ・アセスメント(portfolio assessment)

ポートフォリオは生徒の教室での成果を集めたものである。通常は生徒の教室作業から集められる。ポートフォリオがポートフォリオ・アセスメントとなるのは,①アセスメントの目的が定義されている,②評価基準または方法がポートフォリオに加えるものの決定が明確になされている,③収集したコレクションか個別の作業のどちらかを評価する評価基準が特定され,パフォーマン

スの判定に使われる時である。ポートフォリオは，生徒の進歩，努力あるいは学力を評価する役割を果たし，その評価を自分の学習に反映することを生徒に奨励する。例証するために選ばれた児童生徒の作品や，過去からの学習における発達に関する書類を集めたもののこと。プロの芸術家が自身の作品のポートフォリオを収集するように，児童生徒も自分たちの学習のさまざまな側面を描き出しているポートフォリオを残しておくように求められる。児童生徒が残しておくべきものを詳細に述べる教師もいれば，残しておくものを児童生徒の判断に任せる教師もいる。ポートフォリオの評価における信頼性はむずかしく，教師にとっては遂行困難なものかもしれない。しかし，支持者によると，ポートフォリオによって児童生徒は熟考する機会を得ることができるし，テストの点数における段階化や変化といったものよりも，児童生徒の学習に関する指標を正確に描き出すものであるとされている。

(12) クラスルーム・アセスメント（classroom assessment）

　教師または教師グループによって，個人またはクラスの生徒たちのパフォーマンスを評価する目的で開発，実施，採点された評価法。クラスルーム・アセスメントは代替アセスメントやその他の集団準拠または目標準拠評価を含むアセスメントシステムに並ぶものである。原則的には，クラスルーム・アセスメントの結果は生徒が高い水準に達するのを助けるために利用される。

(13) 評価規準：クライテリア（criteria）

　以前は生徒のパフォーマンスを判定するのに使われたガイドライン，ルール，指標または観点。評価規準は生徒の返答，成果，パフォーマンスによってわれわれが認定することである。全体的，分析的，一般的または特定的でありうる。ルーブリックは評価規準をベースにし，評価規準の意味と使い方を定義している。

(14) **評価基準**（standards）

　生徒の学習において目標とされるものを指す総括的用語。内容基準，パフォーマンス基準，ベンチマークを含む。

(15) **ルーブリック**（rubric）

　質的に異なるレベルにおいて与えられたタスクの達成結果を評価するために具体的に設定された指標のことである。教師は児童生徒がパフォーマンスタスクをどれだけ遂行できたかを評価するために「指標（rubric）」を使う。児童生徒はあらかじめ指標が与えられ，またその指標を発展させる役割を児童生徒も担う場合もある。そのため，児童生徒は前もって自分たちに何が期待されているのかを知っているのである。たとえば，ある口頭発表における評価の指標として，以下に例をあげる。

―レベル4：重要な事項や逸話を用いながら中心となる意見がよく展開されている。用いられている資料は正確なもので，印象深いものである。トピックが，制限時間内に十分に展開されている。
―レベル3：中心となる意見が，ある程度明確化されており，トピックを立証する項目もまずまず十分で適切なものとなっている。トピックはまずまず十分に制限時間内に展開されているが，完全に展開されているわけではない。
―レベル2：中心となる意見が明確化されていない。用いられている資料の中には不正確なものもある。トピックを立証する項目が少なく，トピック自体も大雑把で不完全なものである。
―レベル1：中心となる意見が明確化されていない。用いられている資料の多くは不正確である。トピックを立証する項目がない。

(16) **内容基準**（content standards）

　生徒がその学年レベルにおいて知っているべきこととできることの期待値である。内容基準は，期待される生徒のスキルと知識だけでなく学校が教えるべ

きことも定義している。英語（国語）の基準値の例として："4年生の児童生徒は，インタビュー，アンケート，コンピュータおよび図書館などを情報源として利用し，リポートのための情報収集ができる"となっている。

(17) パフォーマンス基準（performance standards）
内容規準の中の特定のレベルでの習熟度についての基準。たとえば，"コミュニケーション"の観点においてパフォーマンスレベル"例外的な学力"とは，生徒がいくつかの異なった視点から問題を検討し，各視点をサポートする十分な証拠を供給したときに達成したとされる。

(18) 児童生徒主導の保護者会（student-led conference）
通例の保護者会とは異なり，児童生徒が主体となって行う保護者会のこと。児童生徒は会議に向けて準備を行い，保護者や家族に対して課題の実例を提示することで会議をすすめていく。よく用いられる課題には，ポートフォリオや長所短所を討論するといったものが挙げられる。これを支持する人びとは，自分たちで課題の実例を分析したり説明したりすることで，児童生徒たちがより責任を感じることができるという信念をもっている。また，児童生徒にプレゼンテーションスキルを練習する機会を与える場にもなる。もし，保護者が教師と個別に話し合うことを求めたときは，たいてい別に会議や電話による話し合いの機会が設けられている。日本では，課題発表会のようなものである。

(19) 標準化（standardization）
アセスメントを作成し，管理して，採点するための一貫性のある手順。標準化の意義は生徒全員を同じ環境で評価することで，生徒の成績がすべて同じ意味をもち，諸事情により成績が影響されないことを保障するためである。標準化された手順は個人やグループの成績を比べる時にとても重要である。

⒇　統一テスト（standardized testing）

　一定の（規格化された）状況下で施行され，採点されるテストのこと。機械採点のテストや多肢選択テストのほとんどは統一されたものであるので，この用語は時々そのようなテストを表すときに用いられることがあるが，そのほかのテストについても統一テストといえるかもしれない。

(21)　アライメント：一線化（alignment）

　内容基準とパフォーマンス基準をアセスメントとインストラクションおよびクラス学習とリンクするプロセス。典型的な整列戦略の一例は，(a)内容基準，(b)パフォーマンス基準，(c)アセスメントと続くステップ－バイ－ステップの開発である。各ステップで次のステップの情報が与えられ，次のようなプロセスが続くことが理想的である：内容基準（Content Standards）―パフォーマンス基準―アセスメント―学習説明。実際には，アライメント・プロセスのステップはオーバーラップする。重要なのは教室での授業と学習活動が基準とアセスメントをサポートするかどうかである。システム・アライメントは他の学校，学区，州のリソース間のリンクも含まれている。アライメントは基準のゴールをサポートする。すなわち，教職員の質向上の優先順位と教材は基準に到達するのに必要なものにリンクしているかどうかである。

(22)　ベンチマーク：水準点（benchmark）

　特定の年齢，学年または発達レベルでの，期待される生徒パフォーマンスの一定レベルの詳細な説明。ベンチマークは多くの場合，生徒作業のサンプルと同等である。ベンチマークは学年レベル（すなわち，3，7，10年生の期待される算数能力の水準点は10段階）内またはそれを超えたパフォーマンスゴールへの過程をモニターする"チェックポイント"として利用できる。

(23) **妥当性**（validity）

「妥当性」とは，テストをする際に，そのテストが測定したい事柄をうまく測定できているかどうかを意味している。たとえば歴史のテストは，幼い児童生徒たちが読むには非常にむずかしく，歴史的な知識に関するテストというよりもむしろ読解のテストといえるかもしれない。そうした場合，このようなテストは意図した目的の測定にあっていないということになる。測定されるべきものを測定するアセスメントの範囲で，テストの点をベースとしたインターフェースとアクションが，適切かつ正確である範囲。たとえば，リーディングテストの成績がよい生徒がいた場合，その生徒は本当に読解ができたという確信がどれくらいもてるだろうか？ 妥当な基準ベースのアセスメントは，測定したい基準と並列であり，正確で信頼できる生徒のパフォーマンス評価を提供し，公平である。妥当性のないアセスメントは無効である。

(24) **信頼性**（reliability）

アセスメントの結果が信頼でき，変わることなく各生徒の知識／スキルを測定することができる度合い。信頼性は，評価者の長期にわたる，また同じ物を測定する異なったタスクや項目においての採点の一貫性を表示する。信頼性は(a)同じスキルまたは知識（項目信頼度）を測定しようとするテスト項目同士の関係，(b)同じ生徒に対して同じテストの2つの管理者間の関係（テスト／再テスト信頼度），(c)2人またはそれ以上の評価者間の同意度（評価者信頼度）によって測られる。信頼できないアセスメントは無効である。

(25) **スケール：尺度**（scale）

生徒のパフォーマンスに与えられる評価の方法。スケールは個々の項目またはパフォーマンスに適用され，例を挙げれば，イエス・ノーのチェックリスト，1から6の数値で表すもの，記述式のもの（生徒が提出した作文は多視点によって支えられているか？ などをチェックする）などである。スケールによ

る評価は評価対象者の返答が数項目を含んでいる時に，生徒のパフォーマンスを一つの尺度で測るために使われる。

⑳ 項 目（item）
アセスメントまたは評価法の個々の質問または課題。

㉗ 観 点（dimensions）
　望ましい知識またはスキルをアセスメントで測定し，通常ルーブリックで評価する。たとえば，パフォーマンス・アセスメントによる生徒のチームワークスキルの測定は以下の6つの観点を含む。1．順応性（問題を認識し，適切に対応すること），2．協調性（時間内にタスクを遂行するためにチーム行動を組織すること），3．意思決定（決定のために入手可能な情報を利用すること），4．対人関係（他のチームメンバーと協力的に交流すること），5．リーダーシップ（チームに指示を与えること），そして6．コミュニケーション（明確かつ正確にチームメンバー間で情報交換すること）

㉘ アンカー（anchors）
　パフォーマンスの特定のレベルを実証する生徒の作業サンプル。評価者は生徒の作業を採点するためにアンカーを利用し，通常は生徒のパフォーマンスをアンカーと比較する。たとえば，生徒の作業を1から5の尺度で採点する場合，尺度の各ポイントを実証するアンカー（すでに採点の終わった生徒の作業）があればよい。

㉙ **全体的採点**（holistic scoring）
　採点が，パフォーマンスのいろいろな観点（分析的採点）ではなく，生徒のパフォーマンスの全体的な印象を基にして行われる生徒の作業全体に対する評価。

(30) 分析的採点（analytic scoring）

生徒のパフォーマンスを全体的な印象ではなく（全体的採点），パフォーマンスをいろいろな観点から判断する。分析的採点では，各観点の個人得点が採点され，報告される。たとえば，歴史エッセイの分析的採点は以下の観点の得点が含まれる（知っている知識を使うこと，原則の応用，要点を支えるオリジナルな材料を使うことおよび構成である。質の全体的印象は分析的採点を含む）。

(31) タスク（task）

児童生徒に具体的な問題を解決させたり，特定のトピックやプロセスに関する知識を披露させるための活動，課題，質問など。

(32) オンデマンド・アセスメント（on-demand assessment）

あらかじめ決められた時間と場所で行われるアセスメント。通常はすべての生徒が統一された条件下で評価される。SAT（大学進学適性テスト），地域および州によるテスト，教室内で行われるほとんどのテストおよび進級テストはオンデマンド・アセスメントである。

(33) 学習機会（opportunity to learn）

児童生徒が高水準に達することが可能になるように，教師，教材，施設および，教育経験を彼らに供給すること。OTL（学習機会）は，教室内で生徒が期待される知識とスキルを得ることができるようにすることである。学習機会には，何を，どのように，誰によって，どんな教材を使って教えられるのかも含まれる。

(34) 正当性（equity）

正当性は公平性につながる。すなわちアセスメントは，先入観や好き嫌いに

第1章 構成要素と指標および用語の解説 39

左右されない。公平なアセスメントによって，すべての子どもたちは自分たちの可能性を示すことが可能になる。最低でも，すべてのアセスメントは，(a)ステレオタイプ，(b)ひとつの文化を他よりえこひいきする状況，(c)生徒が萎縮するような過度な言葉の正確さの要求，(d)障害のあるまたは英語に不慣れな生徒に考慮しているかどうか，について再考されていなければならない。

(35) **障害のある児童生徒**（students with disabilities）
アセスメントの調整や改訂なしではよい結果を残すことがむずかしい何らかの精神的／身体的障害（盲目，学習障害など）をもった児童生徒。

(36) **調節と改訂**（accommodations and adaptations）
評価方法の調節は障害のある児童生徒と英語が十分でない生徒の評価も含めて計画・実施される。評価の調節・改訂は視覚障害のある生徒用の点字および第一言語が英語以外の生徒への母語によるテストも含まれる。

(37) **評価者**（rater）
特定の評価基準に照らし合わせて児童生徒のパフォーマンスを評価または判定する者。スコアラー（Scorer），判定者（Judge）ともいわれる。評価者トレーニング（Rater Training）というものがあり，児童生徒の作業を評価し，信頼できる採点を行えるように評価者を育成するものである。概して，このプロセスは評価者に評価基準とルーブリックを熟知させるためにアンカーを利用する。評価者とトレーナーのオープンディスカッションは，採点評価基準とパフォーマンス基準を明確にするのを助け，評価者が児童生徒の作業にルーブリックを適用する練習の機会を提供する。評価者トレーニングは多くの場合，評価者の信頼性のアセスメントを含み，評価者は実際の児童生徒作業を採点するためにはこのトレーニングを終了していなければならない。

第5節　教　師

1　教師の知識（教科，教育方法，指導上必要なコンテンツの知識）

📖 構成要素の定義

教師は，教える教科の内容や，教授法，学習理論，動機づけ理論や人間行動理論についてよく知っており，これらの知識を実践に生かすことができる。教師はこれらの知識ベースをカリキュラムの組織に反映させ，子どもの学びを生き生きとさせる。

📖 本構成要素下での指標

1．教育方法的知識を有することの証左はある。
2．教科内容の知識を有することの証左はある。
3．教師は新しい知識を実践に生かしている。

📖 授業観察に加える方法論例　　面　　接

2　教師の専門職性と振り返り

📖 構成要素の定義

教師は，自らの教育実践を批判的に振り返り，同僚と討議し，生涯を通じて自らの力量を伸ばしている。日常的に知識や技能を磨いている。学校をめぐる環境の変化や教育政策の変更に機敏に対応でき，変革に向けた創造性を有している。

📖 本構成要素下での指標

1．教師は専門知識の応用や変革に興味をもっている。
2．教師は生涯を通じ学習しようとしている。
3．教師は同僚と協力関係を築いている。
4．教師は自己評価をし，内省を行っている。

📖 授業観察に加える方法論例　面　　接

(1)　アクション・リサーチ（action research）
　仕事の有効性を改善するために，教師が仕事のある側面を体系的に調査すること。質問・問題を特定し，関連するデータを分析することを含む（この場合，参加者が自分の実践を検討しており，彼ら自身が結果を使用するという点で，従来の研究と異なる）。たとえば，教師は，児童生徒の学習スタイルによって異なる課題を与えることを決定することがある。もし教師が変更の前後に生徒の取り組みを比較記録すれば，その教師はアクション・リサーチをしていることになる。数人の教育者でそのようなプロジェクトにあたる場合は，協働的アクション・リサーチと考えられる。

(2)　協働的アクション・リサーチ（collaborative action research）
　教師の仕事のある側面に関する，有効性を改善するために行う2人以上の教師による体系的調査。質問・問題を特定し，関連するデータを分析することを含む（参加者が自分の実践を検討しており，彼ら自身が結果を使用するつもりなので，アクション・リサーチと呼ばれる）。たとえば，教師のグループが，児童生徒の学習スタイルによって異なる課題を与えることがありえる。もし教師が変更の前後に児童生徒の取り組みの比較記録をすれば，アクション・リサーチにおいて協働しているといえる。

授業観察国際指標の要約

1−1 指導の明確化と教室のコミュニケーションの明確化	活動の目的を明確に説明している 教師は適切なコミュニケーション能力を示している 授業内容は適切に構成されている 教師は多様な手本や図解などの実例を用いている
1−2 指導上の技能（技，熟練，うまさ）	教師は児童生徒に関与することができる 教師はテクノロジーや他の補助教材を適切に取り入れている 教師は児童生徒の意見を引き出す発問の技術を持っている 教師はさまざまな教育技術と実践の方法を使っている 教師はモデリングの技術を使っている はっきりとした目標と授業の学習事項が明示されている
1−3 学びを促進するための指導計画	効果的に計画されている 学習のリソースと教材が適切に準備されている 計画は連続性があり，構成がしっかりしている
1−4 参加型学習の推進とメタ認知能力の発達	教師は児童の問題解決やメタ認知能力の発達を支援している 教師は児童生徒の批判的思考能力の促進を支援している 教師は深い思考力の発達に重点をおいている 教師は児童生徒が積極的な学習者として振舞える機会を与えている 教師は学習内容を児童生徒の現実生活に結び付けている
2−1 学級経営	クラスの約束事が明確にされている 学習に従事する時間を最大にしている 児童生徒は学級づくりに参加している 児童生徒の問題行動は効果的に対処されている 時間管理や教室の活動の流れは効果的に管理されている
2−2 学級風土と環境	児童生徒全員が価値ある存在として尊重されている 教師は児童生徒全員と相互に交流している 教師は高い期待を持ち，それを伝えている 教師は積極的な活動への参加を促している
3 長期指導計画	長期指導計画はそれぞれの特殊な状況に適合するよう計画されている アセスメントは長期指導計画の中に組み込まれている
4−1 個別化教育とインクルージョン	教師は児童生徒の個性について十分に説明できる 教師は児童生徒の全員が参加できる環境作りをしている 個々の児童生徒のニーズに配慮した計画を立てている
4−2 評定と評価	目標と学習事項とあったアセスメントを行っている 多様なアセスメントを使用している 教師は明示的で具体的なフィードバックを与えている アセスメントは定期的に行われている
5−1 教師の知識（教科，教育方法，指導上必要なコンテンツの知識）	教育学的知識を有することの証左はある 教科内容の知識を有することの証左はある 教師は新しい知識を実践に生かしている
5−2 教師の専門職性と振り返り	教師は専門知識の応用や変革に興味を持っている 教師は生涯を通じ学習しようとしている 教師は自己評価をし内省を行っている 教師は同僚と協力関係を築いている

第2部

指標への日本での教育実践の反映およびおよび指標の日本での教育実践への反映

　第2部として，指標への日本での教育実践の反映であるとともに，指標の日本での教育実践への反映を目指す。すなわち，海外との学校改善のための効果（質）の研究であるとともに，国内での目前に迫る教員評価・人事考課としての指標の国内への反映である。そこで，大体の構成や骨組みがひととおりできてから，細かい点に手を加えて内容を充実させることとした。第1章の指標と用語の背景について国内との接点から解説を加える。

第2章　用語の背景と国内動向との接点の解説

　第2章では，国内に独特な実践として，1.学級風土の研究を取り上げ，あるいはこれまで弱点と思われてきた課題，より具体的には，2.長期指導計画，3.個に応じた教育（少人数指導，多文化教育，特別支援教育，評定と評価）を取り上げ，知識経済の中における教師の知識についての研究について先端動向を論じる。日本でどう展開され，現に実践されつつあるかからアプローチすることにより，指標が取り入れられる可能性を検討する。

第1節　学級風土

　もともと海外のウォルバーグ（Walberg）やフレイザー（Fraser）によって研究されていた学級風土の測定尺度であるが，国内ではお茶の水女子大学の伊藤亜矢子によって開発されている（図表2-1）。日本の学級担任は，ホームルーム・ティーチャーとして海外からは独特のものとして記述されている。

図表2-1 学級風土について（伊藤 2001）

領　域	記　号	項　目　内　容（略記）
学級活動への関与	A2	先生に言われた以上に作業や活動をする
	A3	クラスの活動に自分から進んで参加する
	A7	行事の時に、盛り上がる
	D1	誰もがクラス全体のことを考えている
	D2	クラスがうまくいかない時にみな心配する
	D4	クラスの活動に多くのエネルギーを注ぐ
学級内の不和	C1	もめごとが少ない＊
	C3	もめごとを起こす人はいない＊
	C4	全体が嫌な雰囲気になることがある
	C6	クラスがバラバラになる雰囲気がある
	C7	お互いに嫌っている人がいる
	F7	他と一緒にならないグループがある
学級への満足感	B1	心から楽しめる
	B3	クラスで顔を会わせるのを楽しみにしている
	B6	このクラスが気に入っている
	B7	クラスは、笑いが多い
自然な自己開示	G1	個人的な問題を安心して話せる
	G2	自分達の気持ちを気軽に言い合える
	G3	先生がいても遠慮なく話せる
	G4	自分達の気持ちを素直に先生にみせる
	G5	休み時間には自由にふざけたりできる
	G7	反対意見がある時も黙っている人が多い＊
学習への志向性	H1	授業中よく集中している
	H2	その日の勉強や宿題をこなすことを重視する
	H3	クラスのみんなは、よく勉強する
	H4	このクラスは、勉強熱心だ
	H6	このクラスは、成績を競い合っている
	H7	みな成績にあまりこだわらない＊
規律正しさ	I1	しばしば大騒ぎになる＊
	I2	落ち着いて静かだ
	I3	守るべき規則がはっきりと示されている
	I5	掃除当番をきちんとする人が多い
	I6	このクラスは、規則を守る
	I7	先生の指示にすばやく従う

第2節　長期指導計画

　ここで言う長期指導計画とは，学習指導要領ではなく，学校レベルでのシラバスを指す。これまで研究所・センター，学校で支援されてきた単元展開構想を分析すると，学習内容とリアルワールドとの関係はあるものの，「単元づくりに必要な問い」が何かという問いの吟味については決定的に弱い。ソクラテス式問答法，考えを深める問いなど包括的な単元での，参加型手法を取り入れたカリキュラムの作り方や方法論，事例集を作成する必要がある。教員のカリキュラムづくりの力量として，「単元づくりに必要な問いの具体化」が求められる（付録1を参照）。

　その上で，カリキュラムのスタンダード（目安）づくりが，小・中学校，高等学校と通して行われ，アセスメントの妥当性や信頼性の検証が行われてくるだろう。それを大きくカバーするものとして，質保証が取り上げられなければならない。

　日本においても，図表2-2のような単元づくりが見られる。

図表2-2

学校名	単元名	科目・学年	単元指導計画で用意した問い
秋田県本荘市立新山小学校	ふれあおうぼくらのまち子吉川	総合学習4年	・学校では，どんなことのために水が使われているだろうか。 ・水はどこから流れてくるのだろうか。 ・川はどうして曲がっているのだろうか。 ・川の水は飲めるのだろうか。 ・流れる水にはどんな働きがあるだろうか。 ・下水はどこへ流れていくのだろうか。
秋田県本荘市立新山小学校	見つめよう！　生命と体	総合学習5年	・私たちはどのように誕生し，どのように成長するのだろうか。 ・人間の女性と男性の体はどこが違うだろう

第2章 用語の背景と国内動向との接点の解説　47

			・人の命はどのようにして誕生するだろうか。 ・生まれる頃の赤ちゃんは，お母さんのおなかの中でどのようにしているだろうか。 ・生まれてから，体はどのように成長するだろうか。 ・男女の体の成長はどのように違うだろうか。 ・体が子どもから大人に成長するのはいつ頃だろうか。
北海道当麻町立宇園別小学校	火山生活と人間生活	総合学習6年	・山が噴火するとどのような被害が出るだろうか。 ・有珠山のように十勝岳も噴火するだろうか。 ・砂防ダムは普通のダムと何が違うだろうか。 ・砂防ダムは何のために作られたのだろうか。 ・砂防ダムの穴は何のためにあるのだろうか。 ・砂防ダムには何種類あるのだろうか。 ・砂防ダムは本当に役に立つのだろうか。 ・砂防ダムが泥流の勢いで壊れてしまったらどうなるだろうか。

　図表2-3は，青森県造道小学校の教科間の関連的指導を工夫している年間指導計画である。斜め線が入っており，教科と教科を関連づけて指導されていることが分かる。

　現在の公的なカリキュラムは中央，地方教育委員会，学校というさまざまなレベルで考えられよう。その他に，各地の教師によって解釈され機能するカリキュラムがあげられる。こうして，学習指導要領とは，別に，地域がシェイプしてきた日本の教育課程が焦点化すべき特徴が見えてくる。まず，地形から見た時に，列島であり，7割が山岳地帯であり，気候の多様性がある。資源や経済から見たときに，貧弱な地下資源であるところから，海に囲まれた列島ということも手伝い，臨海コンビナートなど工業による，世界で例を見ない高度経済成長を成し遂げ，逆に，大都市への過密などひずみやアンバランスが生まれ，省エネから産業構造の転換も迫られている。さらに，経済面からは，経済グ

図表２－３　平成16年度　造道スタンダードプラン（３年－２学期）

月	総合的学習	道　徳	学級活動	国　語	社　会	算　数	理　科	音　楽	図　工	体　育	学校行事
8	パソコンにトライ（５）	○節度・節制 自立（１）	２学期のめあてを決めよう（１） 学級の係を決めよう（１）	○詩を読もう（４） ・わたしと小鳥とすずと ・漢字クイズ	人々の仕事とわたしたちのくらし（２８） ・スーパーマーケット	時間と長さ（８） ・時こくと時間 ・長さしらべ	花がさいたよ（２） こん虫をそだてよう（４）	いい音えらんで（１２） ・かりかりわたれ ・あの雲のように ・おかしのすきなまほう使い	主人公になって ・物語や想像した世界を絵にかく。（６）	鉄棒（３） とび箱運動（６）	始業式（学１）
9	見たい知りたいわたしたちのまち青森（３４） ・調べてみよう	○礼儀（１） ○敬虔（１） ○思いやり・親切（１） ○公徳心 規則の尊重（１）	避難経路を覚え、避難するときの約束を考えよう（地震）（１）	書写四「はね」の筆使いを知ろう（３） ○調べたことを発表しよう（１８） ・みんな、子どもだった		かけ算かな　わり算かな（３）	たねができた（４）	・学習発表会の音楽 ・パディネリ ・オーボエ協奏曲 ・クラリネットポルカ	ここにすわると ・つくえをべつなせかいにかえる（２）	マット運動（５）	体位測定（学１） 避難訓練（学１） ふれあい遠足（学１日）
10	・さあ、取材にでかけよう ・発表の準備をしよう	○思慮・反省（１） ○節度・節制 自立（１） ○勤労（１） ○友情・信頼 助け合い（１） ○愛国心（１）	ドッジボール大会をしよう（３） 目を大切にしよう（１） 学習発表会を成功させよう（１）	○場面の様子を想像しながら読もう（２０） ・ちいちゃんのかげおくり ・くわしくする言葉 ・言葉でスケッチ 書写五「曲がり」と「おれ」の筆使いを知ろう（３）		あまりのあるわり算（９） ・あまりのあるわり算のしかた ・あまりを考えて 長方形と正方形（７） たし算とひき算（５）	光であそぼう（８）	ようすを思いうかべて（１０） ・ふじ山	ねん土でお話 ・お話をねん土でつくる（２） すって、うつして ・ローラーをつかったり、はんであらわしたりする（８）	表現（４） 力ためしの運動（４）	鑑賞教室（学２） 学習発表会総練習（学４） 学習発表会（学１日）
11	・青森市自慢をしよう ・ふりかえってみよう	○節度・節制 自立（１） ○尊敬・感謝（１） ○自然愛 動植物愛護（１）	楽しい遊びを考えよう（２） クラブ見学をしよう（２）	動物と人間のかかわりを調べよう（１６） ○説明文を読む ・動物とくらす ・パンフレットを作ろう ・へんとつくり 書写六ひらがなの筆使いを知ろう（３）	・農家のしごと	かくれた数はいくつ（５） かけ算の筆算【１】（１１） ・何十・何百のかけ算 ・（２けた）×（１けた）の筆算 ・（３けた）×（１けた）の筆算 ・暗算	じしゃくであそぼう（１０）	・ねむたいこねこ ・はっぱとそよ風 ・交響詩『ジャングル大帝』から	いろいろなふくろから（２） ・ふくろの形をもとに、大きな物を作る。	ハンドベース（５） サッカー（５） なわとび（４）	校外学習（学１日） 避難訓練（学１）
12	スキットをしよう（５）	○公徳心 規則の尊重（１） ○愛校心（１） ○尊敬・感謝（１）	クリスマス会を開こう（２） ２学期を振り返ってみよう（１） 冬休みの過ごし方について考えよう（１）	分かりやすく書いて説明しよう（２５） ・説明文を作ろう ・道あん内をしよう ○たしかめながら話す・聞く ・言葉のなかま集めをしよう 書写七「むすび」の筆使いを知ろう（３）		表とグラフ（７） ・表作り ・ぼうグラフ 計算のじゅんじょ【２】（４） ・べつべつ、いっしょに ・計算のきまり		・かさじぞう	ぬのから生まれた（２） いろとようぐのホームページ（２）	けんこうな生活（２） ・身のまわりのせいけつ ・へやの明るさときれいな空気	大清掃（学１） 終業式（学１）
時数	４４	１６	１６	９５	２８	５９	２８	２２	２６	３８	

ローバル化と金融の自由化を背景に，国内の産業空洞化，安価な労働力を求めての企業の海外進出など多様な課題を抱えるなか，（他国から魅了や尊敬の念を得るソフトパワーと関わっての），グローバルなよき市民性の教育が求められている。また，大都市だけでなく，各地のもつ課題，各地が作り上げてきている地域（郷土）に密着した教育も求められている。

第3節　個に応じた指導

1　完全習得学習と学習の次元

　日本では，個に応じた学習，発展的な学習のための指導資料が出されている。また，日本では，少人数指導で学校として取り組む完全習得学習の効果があるという知見が得られている。

　しかし，米国では，完全習得学習（mastery learning）の捉え直しがなされている。なぜなら，人間の認識の積極性・能動性を認めにくい行動主義に根ざすものであるからである。

　米国で普及している学習の次元は，また完全習得学習を乗り越えようとしている。それは，マルザーノが提案したものである。その学習の次元では，タキソノミーの認知領域の位置づけを試みている。知識の拡張や洗練（比較や分類，帰納推論，誤りの分析，支援あるいは，演繹，抽象，価値の分析）が強調されているが，不足しているものとして，以下のようなことがあげられていた。態度（自己と風土，自己と他者），口頭での談話や語り（discourse），心の習慣（批判的，創造的，自己制御）等である。これらを他の20近くのプログラムで補おうとした（Marzano, 1990）。今後，学校や地域レベルで，以下のような様々な学習の次元で基礎学力のイメージを共有していくべきではないだろうか。

図表2-4　学習の次元（マルザーノ）

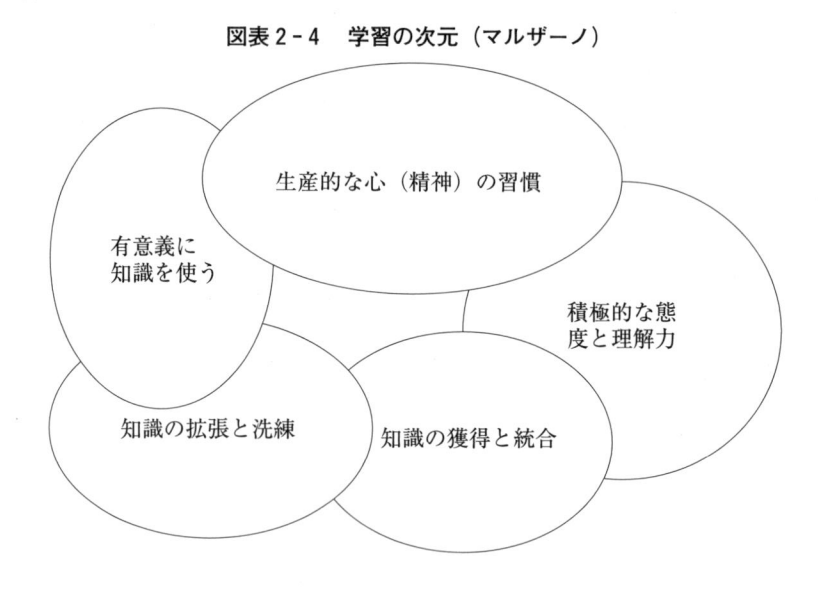

- 生産的な心（精神）の習慣
- 有意義に知識を使う
- 積極的な態度と理解力
- 知識の拡張と洗練
- 知識の獲得と統合

　上記の中で，特に「心の習慣」については特記しておきたい。

　本来は，何度も思い起こし，また，何度も読み返し，それが心の習慣になり，ひとつの思考法にまでなるようにする，「するべきことをする」という心の習慣をつける必要がある。日常生活の営みの主体となる「心そのもののしつけ」がもっとも重要で，やり遂げる心の習慣である。「プラス面をさがして自分をほめる」。

　米国のA.コスタによると，心の習慣のある児童生徒は，次の16のいずれかの特徴を発揮できるという。1）辛抱強く貫く，固執する，2）明確さや精密さをもって思考しコミュニケーションを行う，3）衝動をマネージする，4）全感覚を通じてデータを集める，5）理解と共感をもって聞く，6）創造し，想像し，進取の気性をもって採り入れる，7）柔軟に思考する，8）不思議と畏敬の念をもって対応する，9）思考することについて思考する（メタ認知），10）責任をとってリスクを受け入れる，11）精密さをもって目指して励む，12）ユーモアを見いだす，13）疑問をもち，問題を提出する，14）相互依存的

図表2-5 コルブによる経験学習における学習スタイル

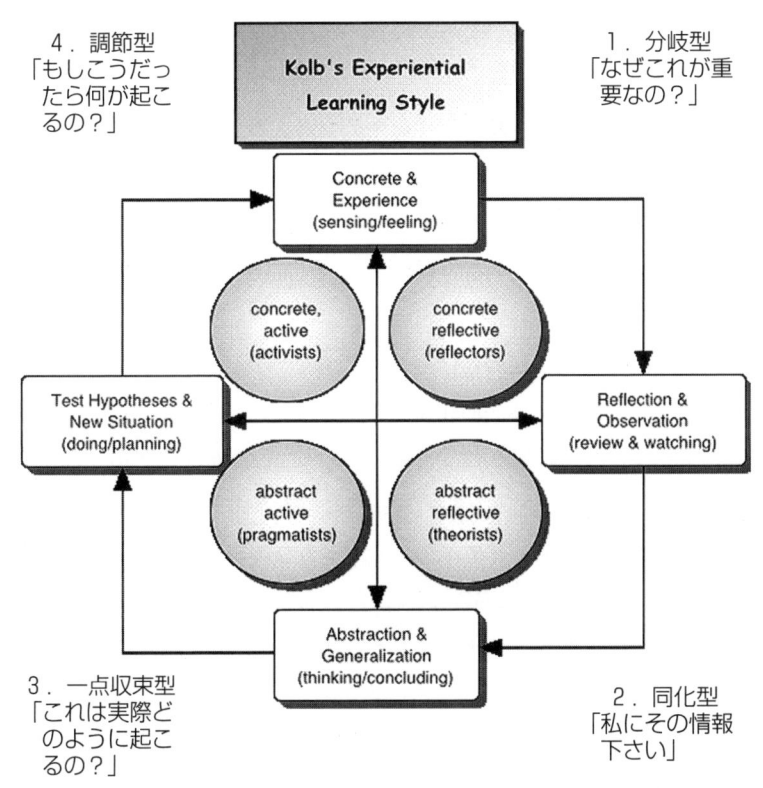

4．調節型
「もしこうだったら何が起こるの？」

1．分岐型
「なぜこれが重要なの？」

Kolb's Experiential Learning Style

Concrete & Experience (sensing/feeling)

concrete, active (activists)

concrete reflective (reflectors)

Test Hypotheses & New Situation (doing/planning)

Reflection & Observation (review & watching)

abstract active (pragmatists)

abstract reflective (theorists)

Abstraction & Generalization (thinking/concluding)

3．一点収束型
「これは実際どのように起こるの？」

2．同化型
「私にその情報下さい」

に思考する，15）過去の知識を新しい状況にあてはめる，16）継続的な学習に開かれている。

2　学習スタイル

米国では，完全習得学習は，効果的学校・成果型教育の流れの中で流行を見たが，効果的学校の研究からは授業の質へのガイダンスが得られないために，以下のような捉え直しがなされている（Block 1995）。

→そこで，マスタリー教授（習熟度別）・TESA（Teacher Expectation Student Achievement 一種の教師期待）が求められる。ところが，評価

の形成的アセスメントに関しては弱い。→
→そこで，完全習得学習が求められる。ところが，カリキュラム目標や指導形態に関しては弱い。→
→そこで，参加型共同学習，学習スタイルが求められる。ところが，補充・深化など指導アプローチの別の計画には価値があるものの，評価のための詳細な処方をせず，高次の思考力を把握する方法を提供していない。→
→そこで，批判的思考力が求められる。

学習スタイルで有名なものに，コルブのものがあるが，図表2-5のように，1．分岐型（diversier），2．同化型（アシミレーター），3．一点収束型（コンバージャー），4．調節型（アコモデーター）という分類がありうることが認められ，それぞれ，1．みんなで過去の経験を振り返り，討論やブレーンストーミング，オープンエンドタスク，2．ひとりで講義やデータ収集，分析，3．ひとりでワークシートと実験，4．みんなでコンピュータシミュレーション，グループプロジェクトが好まれるという。

さらに，この学習スタイルを中等学校で発展させている英国では，将来に適性として合致する職業としては，それぞれ以下のものがあるとされている。

1．「なぜ（Why?）」カウンセリング，人事部，組織開発，文科系
2．「なにを（what?）」基礎科学，数学，研究，企画部，
3．「どのようにそれは動き働くの（how?）」エンジニア，物理科学，医療看護，実際的な科学技術
4．「もし〜なら（これは何になることができるの（If?））」マーケティング，セールス，実践志向の管理的職務，ティーチング

図表2-6は，青森県造道小学校での学習スタイルを取り入れた少人数指導の例で，ひとりでまるごとコース，みんなでコースを考えた指導計画である。

第2章 用語の背景と国内動向との接点の解説 53

図表2-6

7. 指導計画（12時間）

時間	ねらい（上段）・評価規準（下段)		
	ひとりでコース	みんなでコース	いっしょにコース
1	オリエンテーションを通して、これからの学習内容や各コースの学習の仕方について理解するとともに、自分でコースを選択したり、既習事項について復習をしたりすることができる。 〔主な活動内容〕 ○視聴覚室にて6学年全体でオリエンテーションを行う。（15分程度） ・これからの学習内容について ・質疑応答 ○教室にて次のようなことを行う。 ・コース選択 ・既習事項の定着を図る。		
2	2つの直方体の大きさ比べを通して、体積の単位cm³を知り、それが何個あるかで直方体の体積を求めることができる。 体積の単位1cm³がわかり、直方体の体積を求めることができたか。 【関心・意欲、知識・理解】	直方体の大きさを数値化する方法を考え、体積の概念を理解して、単位cm³を知ることができる。 1cm³の立方体がいくつあるかで体積を数値化することができたか。 【表現・処理】	直方体の大きさを数値化する方法を考え、体積の概念を理解して、単位cm³を知ることができる。 直方体の大きさ比べを通して、数値化する方法を意欲的に考えようとしたか。 【関心・意欲】【知識・理解】
3	1cm³の個数を効率よく求める方法から公式を導き出し、見取図や展開図をもとに直方体や立方体の体積を公式を使って求めることができる。 公式を使って直方体や立方体の体積を求めることができたか。 【知識・理解、表現・処理】	直方体や立方体の体積を計算で求める方法を考え、公式を理解することができる。 1cm³の立方体をもとに、手際よく数える方法を考え、計算で表す方法を見つけることができたか。 【考え方】	1cm³の立方体を実際に用いて、体積が12cm³の形をいろいろ作ることができる。 1cm³の立方体を使って、実際に形をつくることができたか。 【表現・処理】
4 本 時	L字型の立体の体積を工夫して求める活動を通して、直方体や立方体に分けたり、かけているところをひいたり、1つの立体に変形して考える良さにも気付き、複合図形の体積を多様に求めることができる。 1つの立体に変形して考える良さに気付き、複合図形の体積を工夫して求めることができたか。 【考え方、表現・処理】	展開図からできる立体の体積を求める活動を通して、自分で必要な長さをはかり、「縦×横×高さ=体積」の考えが成り立つことに気づき、公式のよさを知ることができる。 体積の求め方の手順を図に表したり、言葉で説明したりすることができたか。【考え方、表現・処理】	1cm³が　いくつ分という考えをもとに段を長さにおきかえる活動を通して、立体の体積を計算で求める方法を見つけることができる。 直方体や立方体の体積を、1cm³をもとに計算で求める方法がわかったか。　　　　　　【考え方】
5	大きな体積の単位の必要性がわかり、1cm³の立方体を単位にした体積の求め方や、m³とcm³の関係について理解し、説明することができる。 1m³の単位が分かり、m³とcm³の関係について説明することができたか。 【知識・理解、表現・処理】	L字型などの立体の体積を面積での考えをもとに、いろいろな方法で求めることができる。 複合図形の体積を自分の好きな方法で意欲的に考えようとしたか。 【関心・意欲】 自分の考えを分かりやすく図や言葉で説明することができたか。 【考え方】【表現・処理】	直方体や立方体の体積を求める公式を理解して、公式を用いて体積を求めることができる。 —確認テスト— 公式を用いて、体積を求めることができたか。 【表現・処理】
	小数値でも体積の公式が適用で	1m³の単位の必要性に気づきm³とcm³	L字型などの立体の体積を、工夫し
		（以下略）	

出所）青森県造道小学校

3 複合的知性（多重知能）

これについては，思考力と関わって，非常に入り組んだ力として，近年，各国の政策にも取り入れられつつある。

複合的知性―言語的知能
- 論議や議論の時に，自分の考えをことばできちんと伝えられる。
- いい話やスピーチ，講話などを聞くことは好きだ。
- 非論理的に聞こえる話や議論を聞くと，いらいらする。
- 詩や俳句・短歌など，ことばの使い方の妙味に興味があるしよくわかる。
- 友達に，体験したことなどをこまごまと手紙に書いて送ることが好きだ。

複合的知性―論理・数理的知能
- たし算やかけ算などの暗算がはやくできる。
- 電卓やコンピューターで仕事をするのが好きだ。
- パズルやゲームで遊ぶのが好きだ。
- 数を使うパズルやクイズが，得意だし好きだ。
- 数やグラフなどを見ながら勉強や仕事をすることは楽しい。

複合的知性―視覚的・空間的知能
- 道を教える時には，すぐ地図をかく方である。
- どこにいても，どちらが北か南かで迷うことはない。
- 新しい器具や機械についてくる説明書の絵は，これまでわからないことがなかった。
- ある方向から見た字や図などを，裏返しに想像して見ることはたやすい。
- 美しい建物や建造物を見て歩くことが好きだ。

複合的知性―身体的・運動的知能
- 新しいダンスのステップはすぐ覚えられる。
- 自転車やスケートの上達が早かった。
- 身体的なバランス感覚や，身体運動の器用さが優れている。
- 粘土で何かを作ったり，紙細工や彫刻などをすることが好きだ。
- スポーツが得意だ。

複合的知性―音楽的・リズム的知能
- 楽器がひける（よく楽器をひく）。
- 自分の気分に合わせて音楽を選んでいる。
- 音楽がなければ，人生はむなしいと思う。
- 私の人生にあったさまざまな出来事には，なにかしら音楽の断片が思い出される。

- 入浴中や一人の時，よく鼻歌を歌ったり，口笛を吹いたり，歌ったりしている。

複合的知性―対自的知能
- 自分が腹が立ったり悲しかったりする時，いつもその原因がよくわかっている。
- 友達のもつれた感情を整理するよう手助けできる－自分自身でよくそうしている。
- 静かに座って，自分の内的な感情に浸りながら考え事をしていることがよくある。
- 自分の表情がどんなであるか，いつも気がついている。
- その時々の自分の気分をいつも意識している。

複合的知性―対人的知能
- 人を集めて，パーティーやイベントなどをすることが好きだ。
- 他の人を説得して，自分のプランを進めることができる。
- 他人の顔の表情に，とても敏感な方である。
- 他人の気分に，敏感な方である。
- 他人が自分のことをどう思っているか，いつも正確によくわかる。

博物的知性
- 山や海，林や野原，田んぼや畑に出ると，心や体がいきいきとする。
- 動物や植物の特徴を見分けることが得意だ。
- つり，昆虫採集，木の実採り，山菜採り，きのことりに夢中になったことがある。
- 犬や猫などの動物と遊ぶことが好きだし，動物からも好かれる。
- 植物を育てることが上手だ。

　以上のような海外の動向をふまえて，思考力にとどまらず，これからの児童生徒に求められる資質・能力は，こういうように考えられる。

　米国や韓国で重視されているタレント（Talent）は，芸術的タレント（Artistic Talent），タレントの開発（Talent Development），タレントの確認（Talent Identification），タレントの保持（Talent Preservation）などといわれ，芸術や運動競技でのようなすぐれた能力や適性である。通常，潜在的というより実際的であることにおいて適性（Aptitude）と，そして後天的に獲得されたというよりも普通は生得的であるという点において能力（Ability）と区別される。

　これに対して，後天的に獲得される能力とは，ある身体的精神的な行為を遂行する有機体ないしシステムにある実際的力の程度である。

さらに，適性（Aptitude）とは，教科の適性（Academic Aptitude），言語の適性（Language Aptitude），数学の適性（Mathematical Aptitude），職業的適性（Vocational Aptitude）といわれ，まだ学ばれていない課題，スキル，あるいは行為としての遂行すべき個人の潜在的能力のことである。中でも，職業的適性とは，職業に対して個人の潜在的可能性または適切性（Vocational Aptitude An individual's potential capacity or suitability for a vocation or occupation）を表わす。

EUでは，義務教育において，キー・コンピテンシー（EU 2002）という能力が提唱され，以下のように定義されている。

- 快適な暮らしをするために不可欠なコンピテンシー
- 住んでいる社会の枠組みに沿ってどうすれば，仕事や余暇の時間を最適に過ごせるか。

東アジア，特に日本では，以上のことに加えて，「素直」「豊かな」とか，喜んで何かを進んでやろうという精神性が認められる。例えば，意欲的，やる気満々，自発的，積極的，内発的，努力を惜しまない，身を以て；自（みずか）ら・自（おのず）から，自分の手で，直接というプロセスが重視される。それを形容する言葉として，活動的，アクティブ；生き生き，もりもり，気力充実（充溢），充実感；意志力；意気込み，心意気，競う；熱気，熱い思い，熱き思い，熱意，熱心；張り切る，勇み立つ，気合いが掛かる（入る），気合いをかける（入れる），気を入れる，血が騒ぐ，根性を入れる，発破をかけるという精神主義が好まれる。

第4節　多文化・多言語の教育

言うことを聞かない子，手のかかる子，育てにくい子ども（difficult child）には，まず考えられるのが，以下のような状況であろう。養育者側の要因，子ども側の要因，相互の関係性の要因が背景にあり，先天性障害，未熟児，自閉性障害；情緒信号を発する力が弱い，養育者への報酬（rewards）に乏しいな

ど，あるいは部屋の隅にいて集団に入らない，友達が少ない，一言もしゃべらない，軽度障害の子として考えられる子が増えてきているという。

が，現実はそれだけではない。それなりの理由をもつ子も少なくない。転校生や異なる文化的背景をもつ子どもへの対応といわれるものである。給食を残す中南米の子がいて，残さないように指導しつつも，いじめに遭うなどがあったという。しかし，ライスに味がついてなかったことが，残す原因だということがわかったという。このエピソードでわかるように，相手の多文化的価値観をこっちからさまたげてしまう民族主義的な非寛容にならないよう，言語的に対応が求められる。日本では，犯罪組織の活動を不法外国人労働者のせいにして，民族主義的世論が生まれている。異文化間トレランス（寛容，容認，寛大，独断的でない物の見方）が求められる。

多文化共生社会の醸成，イマージョン教育の方法は，外国語の習得を教科学習の前提とするのではなく，教科学習と外国語の習得が同時に起こることを前提に行われるものである。現在日本では，沼津市にある加藤学園が英語イマージョンプログラムを実践している。また教育特区の群馬国際アカデミーが今年度（2005年度）から英語イマージョンプログラムを開始したが，これらは日本人を対象に「より豊かな教育」を目指すものと考えられる。教科学習と言語習得を統合した方法は「内容重視の言語教育（Content-based language teaching）」と呼ばれ，イマージョン教育の大きな特徴となっている。

特に，日本語を母語としない子どもへの教育が注目される。

文部科学省の平成15年度調査では，日本語指導を必要とする初中等教育を受ける子どもは全国の学校5,231校に在籍し，その数は約2万人である。そのうち小学校の在籍児童は12,523人で前年度より4％の増加と報告している。その母語の種類は63言語に渡る。ここから現在日本では多様な背景を持つ子どもたちが公立学校に存在する現況が見出せる。このような子どもたちを対象とする日本語教育のあり方が問われるようになってきた。取り出し授業などの形式で日本語学習の補習を提供することが多い。しかし日本語学習をしている時間は

教科学習が中断するため，子どもはさらに授業についていくことができなくなるとの指摘がある。そのような問題を解決するべく，近年，日本語を母語としない年少者に対し，日本語の習得と教科学習の理解促進の方法として内容重視のアプローチが注目されている。

　今後外国をルーツに持つ子どもたちはさらに増えることが予測されている。日本が多様な他者と共に生きる社会となる第一歩はこの子どもたちと共に生きることであろう。そのためには共に生きるという意識を，外国をルーツに持つ子どもも日本語を母語とする子どもも互いに持つ必要があると考える。その実現に向けて，ある言葉を母語とする子どもたちの集住地域において，外国にルーツを持つ子どもたちと日本語を母語とする子どもたちを双方向イマージョンプログラムで結びつけることはできないだろうか。イマージョン教育の方法は，どちらかが一方的に相手の言葉を学ぶのではなく，互いの言葉を学びあい，尊重しあう教育となりえるからである（三輪 2006）。

第5節　特別支援教育

　特別支援教育というのは，日本の障害児教育の新しい呼称である。2004年の春から本格的に旧来の障害児教育といういい方に取って代わる予定だったが，まだそこまで至っていない。発達支援教育，特別発達支援教育といういい方もする。文部科学省では，英語表記は special support education という表現を充てている。

　単に障害児をどう教えるか，どう学ばせるかではなく，障害をひとつの個性としてもった子，つまり「支援を必要としている子」(children with special needs) が，どう年齢とともに成長，発達していくか，そのすべてにわたり，本人の主体性を尊重しつつ，できる援助のかたちとは何かを考えていこうとする取り組みである。「障害児」から「支援を必要としている子」へといういい方は，文部科学省の「特別支援教育について」という資料の中に出てくる表現

である。

　学校教育法でいう障害児の定義は，かなり狭いもので，言語障害児や情緒障害児はもとより，LD，ADHDの子どもたちは含まれていない。そういう子どもたちから，不登校，不適応，健康障害児まで含めて，発達の援助を考えていく。発達支援には，学習の他にも運動発達支援，余暇支援，進学・就職支援なども含めて考えられる。

　なお，アメリカなどの諸外国では，発達支援教育の対象はハンディキャップのある児童に限らず，能力がいちじるしく高い児童（ギフテッド・英才児）も対象となっている場合がある。

特殊学級から特別支援教室へ

　これまでの特殊学級にかわって，特別支援教室という新しい制度が始まる予定である。そのために，従来の障害児教育を支えてきた学校教育法第75条に規定された障害児学級（法制上は「特殊学級」）がなくなり特別支援教室となるとされている。しかし，これまで積み重ねてきた，知的障害学級，情緒障害児学級，難聴学級，弱視学級，病虚弱学級，肢体不自由学級など専門性をもってきた学級がどうなるのかは明らかにされていない。

　特別支援教室では，これまで通常学級に在籍していて，対象とされなかったLD，ADHD，高機能自閉症（アスペルガー症候群），軽度発達障害といわれる子どもたちが対象に含まれ，特別な支援を受けることが予定されている。そのためにこれまで存在していた上記の学校教育法第75条の学級も廃止されることが予定されており，その対象となっていた子どもたちも特別支援教室での取り出し指導の対象となる。

　学級として存在していた障害児学級がなくなることは実質的には人員削減となり，その上に新たにLD等の子どもたちへの支援が可能なのか議論の的に

なっている。文部科学省はLD, ADHD等の子どもの通常学級での存在が全児童生徒の6.3%と指摘しており，500人規模の学校で30人は存在することになり，現在の障害児学級の生徒も合わせて特別支援教育の対象とするとしている。

また，今までの盲・聾・養護学校には，地域のセンター的な機能を人員の配置に言及せずにもとめており，学校種別を廃止して「特別支援学校」とすることを予定しており，一部の地方では，校内指導にあたる教員を大幅に削減して，外部に相談にあたる教員にして，本当に特別な支援が必要な重度の障害がある児童生徒たちへの教育的な取り組みが危うくなっているケースも見られはじめ，理想とは相容れない現実が存在する。

国立総合特殊教育研究所では，現状から見た特別支援教室の具体的運用タイプを，次の3つに分けている（国立総合特殊教育研究所2005）。

Aタイプ：一人ひとりの児童に対して多くの時間を指導する場合。従来の知的障害の児童生徒を中心に指導する教室を想定。

図表2－6

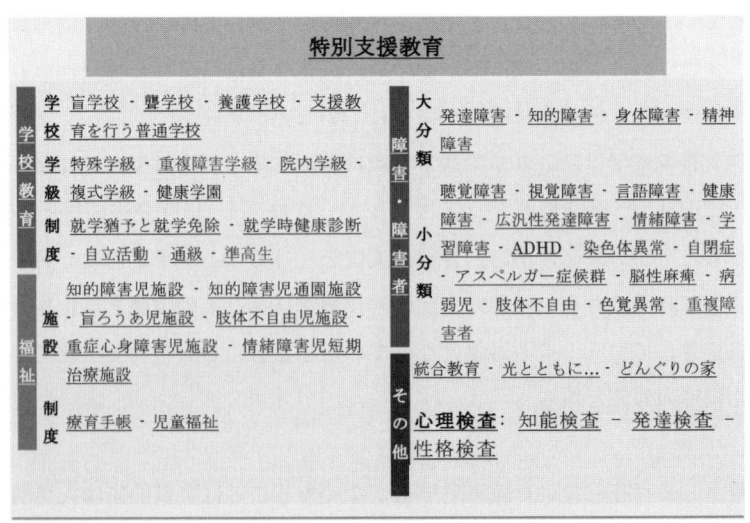

特別支援教育			
学校教育	学校	盲学校・聾学校・養護学校・支援教育を行う普通学校	
	学級	特殊学級・重複障害学級・院内学級・複式学級・健康学園	
	制度	就学猶予と就学免除・就学時健康診断・自立活動・通級・準高生	
福祉	施設	知的障害児施設・知的障害児通園施設・盲ろうあ児施設・肢体不自由児施設・重症心身障害児施設・情緒障害児短期治療施設	
	制度	療育手帳・児童福祉	
障害・障害者	大分類	発達障害・知的障害・身体障害・精神障害	
	小分類	聴覚障害・視覚障害・言語障害・健康障害・広汎性発達障害・情緒障害・学習障害・ADHD・染色体異常・自閉症・アスペルガー症候群・脳性麻痺・病弱児・肢体不自由・色覚異常・重複障害者	
その他		統合教育・光とともに…・どんぐりの家	
		心理検査：知能検査－発達検査－性格検査	

出所）Wikipedia：ウィキポータル　教育 http://ja.wikipedia.org/による

Bタイプ：一人ひとりの児童に対して数時間の指導をする場合。従来の言語障害特殊学級・通級指導教室や難聴・情緒の通級指導教室を想定。

Cタイプ：AタイプとBタイプの混合。知的障害特殊学級担当者などが、空き時間や放課後等の時間を利用して経度発達障害の児童生徒を指導する、特殊学級プラス通級指導教室のような形態を想定している。LD等の児童生徒の指導時間も工夫して設定することが可能。

<メモ>学習障害（LD），注意欠陥・多動性障害（ADHD）について

文科省の調査研究会が2002年に行った全国調査では、小中学校の通常学級の児童生徒のうち、担任教師らが「学習面か行動面で著しい困難を示す」と判断した割合は6.3%。LDやADHDのほか高機能自閉症などは、現在の通常学級で特別な教育的支援が必要とされる。

【LD】読む，聞く，話す，書く，計算するなどの能力のうち特定のものが習得できない。

【ADHD】注意力の欠陥や授業中にじっとしていられないなど、衝動性、多動性を特徴とする行動の障害。

【高機能自閉症】友人関係が作れなかったり、ある特定のものに強くこだわったりする行動障害である自閉症のうち、知的発達の遅れを伴わないもの。

ADHDは、多動性、不注意、衝動性を症状の特徴とする発達障害のひとつである。DSM-IVによる正式名は注意欠陥・多動性障害（AD/HD：Attention Deficit / Hyperactivity Disorder）。子どもではICD-10によるほとんど同様の症状を指す多動性障害（Hyperkinetic Disorders）の診断名が使われることが多い。その症状にはさまざまなタイプがあり、すべての場合注意力を維持したり、さまざまな情報をまとめることを苦手とすることをほぼ共通とする。

障害のある児童生徒は現在，盲・聾（ろう）・養護学校のほか，小中学校に設置された心障学級などに通い学んでいる。しかし，学習障害（LD）や注意欠陥・多動性障害（ADHD）など軽度の発達障害児は，通常のクラスで学ぶケースも多い一方で，授業や学校生活についていけないなどの困難を抱えている。

なお，国内の動向については，以下の新聞記事も参照されたい。
○「全小中学校に特別支援教室　発達障害児らをサポート　新年度から八王子市＝多摩」読売新聞東京朝刊　多摩2　2004.01.23
○「発達障害」支援へ一歩　LDやADHD，全国の小中学校で体制整備へ　大阪朝刊　教育A　2005.01.24
○特別支援教育　共に学ぶ環境整備「支援教室」や副籍試行＝多摩　東京朝刊　多摩　2004.05.20

英国では，SEN (Special Educational Needs) といわれ，学校改善の大きな流れになっている。SEN（特別な Educational Needs）。個々の学校がコーディネーター (SENCO : Special Educational Needs Co-Ordinator) をもつことを要求され，彼らの責任は，特定の教育的配慮を必要とするすべての児童生徒が成功した教育を促進するべく適切な支援を受けることを確実にすることである。Teacher net（教師を援助するために準備される英国政府ウェブサイト）によると，実践の現在の SEN Code は2002年1月の初めに実施され，1994年以来のものを置き換えている。SEN をもつものとして資格を得るには，児童生徒は通常プロである Educational Psychologist，または Psychiatrist によってアセスメントされなければならない。

　第1章の定義で見たようなディスレクシアとしては，英国で37万5千人，日本では40万人を超える児童生徒がいるとされている。

📖 インクルージョン

　統合教育とは，健常者と障害者を同じ場所で教育することである。外来語で

は，「インクルージョン」や「インテグレーション」や「メインストリーミング」が相当する。

統合教育には，賛成派と反対派が存在し，未だはっきりとした結論は出ていない。日本では，良きにつけ悪しきにつけ1979年の養護学校義務化が大きな分岐点だといわれている。それ以前は大部分の重度・重複障害児は就学できず，自宅や施設で過ごさざるをえなかったのであるが，義務化によって教育の機会を得られるようになったことの意味は大きい。

第6節　評定と評価

1　アセスメント（評定）

アセスメントは，障害児教育の分野では，日本でも通用する用語であるが，広く教育評価の分野では，評定といわれてきた。

評定とは，物事の成績・質・価値・等級などを決定すること，または決定した成績のことである。評価と意味合いが似ているが，評定は「さまざまな評価を総合して最終的に定めた値踏み」というニュアンスで理解するのが適当であろう。

評定は，3段階，5段階，10段階など，いくつかの段階にわけてつけられるのが一般的である。段階を表すには，数字（1，2，3，4，5…），アルファベット（A，B，C…），記号（◎，○，▲，△…）や，＋・−を組み合わせたりする（B−，A＋＋）など場面によってさまざまであり，また数字やアルファベットは，その場面によってどちらが優等であるかも異なるため，一概に記号のみを見て評定を理解することはむずかしい。したがって，大概は評定の記号の意味を説明するための表や注釈が添付されている。

学校における評定は，3段階・5段階を用いることが多い。教師は学習の様子，宿題，定期考査の結果などを資料として児童生徒を評価し，評価した結果

を総合して評定を決定する。公立学校においては，このときの評価資料を評価する方法として2000年ごろから絶対評価が用いられている。

評定は学期ごとに通知表に記載されて児童生徒やその保護者に通知される他，学年末に指導要録に記録され，保存される。また受験の際の調査書にも記載され，内申点として用いられる。

2　指導要録

指導要録は，児童生徒の学籍並びに指導の過程及び結果の要約を記録し，その後の指導及び外部に対する証明等に役立たせるための原簿となるものである。その性質から教育課程と深く関わりをもっており，その様式等については学習指導要領の改訂と軌を一にして改訂されてきた。指導に関する記録については，校種によって多少異なるが，次のような項目を記述する。

　各教科の学習の記録
　観点別学習状況
　評定
　総合的な学習の時間の記録
　特別活動の記録
　行動の記録
　総合所見及び指導上参考となる諸事項
　出欠の記録

上記，指導に関する記録は，卒業後5年間保存する。

この中で，観点別学習状況とは，学校で，児童生徒（学習者）の各教科における学習の状況を分析したものである。分析にあたっては，学習指導要領に示された目標に照らして，各教科の学習内容をいくつかの観点に分け，それぞれの観点ごとに学習の状況を分析する。すべての教科は「関心・意欲・態度」「思考・判断」「技能・表現」「知識・理解」などの4～5つの観点に分けられている（国語のみ5観点，それ以外の教科は4観点である）。評価者（教師）

はそれぞれの観点ごとに目標を設定し，学習者がその目標に対してどれだけ実現できたかを分析して，一般に次のような3段階で評価する。評価方法は絶対評価で行われる。

「十分満足と判断されるもの」…A，◎など
「おおむね満足であると判断されるもの」…B，○など
「努力を要すると判断されるもの」…C，△など

この評価は，観点別評価ともいわれる。学年末には，各必修教科，選択教科の観点別評価が，評定とともに指導要録に記録される。

観点別評価導入の背景

1987年の教育課程審議会で，学習指導要領改定の中で，「日常の学習指導の過程における評価については，知識理解面の評価に偏ることなく，児童生徒の興味・関心等の側面を一層重視し，学習意欲の向上に役立つようにするとともに，これを指導方法の改善に生かすようにする必要がある」との答申が発表された。また指導要録における各教科の評価についても，「教育課程の基準の改善のねらいを達成することや各教科のねらいがより一層生かされるようにする観点から，教科の特性に応じた評価方法等を取り入れるなどの改善を行う必要がある」と，指導要録の様式を改める旨の考えが示された。これを受け，文部省（現文部科学省）は指導要録の参考様式を提示した。この参考様式の中で各教科それぞれに4～5つの観点が定められ，絶対評価による3段階の評価を行うこととされた。

指導要録に観点別評価が導入された結果，調査書にも観点別評価を記載するようになった。

評価の仕方

観点別学習状況を評価するにあたっては，まず教師は，各観点で何を評価すればよいのか，評価する項目（評価規準）を定め，それぞれの事柄についてどの程度実現できていればよいのか（評価基準）を定める。その上で，児童生徒を評価するための資料を収集する。評価のための資料とは，児童生徒の毎回の授業での発言や授業態度，ノートやワークシートの記述，宿題，定期考査などさまざまである。分析した資料を基に，教師は各項目の実現状況を一つひとつ評価し，その上で，各観点を総括して最終的な評価を行う。これが観点別評価である。

児童生徒やその保護者にとっては，おのおのの学習状況が観点ごとに分析されたものを知ることにより，自分がどこまで達成できているのかを確認でき，不十分な点の改善に役立てることができる。

評価の仕方に関する問題点

評価のスパンが長いと，学習が不十分であり目標を十分に達成できない児童生徒がそのまま学習を進めてしまい，どの部分の学習が十分にできていて，どの部分が不十分だったのかが分かりづらくなる。また，その分だけ期間中の評価をまとめたものが返されるため，評価を読み取ることもむずかしくなる。「結果として評価がその後の学習や指導に生かせない」という意見も挙げられている。

そこでより綿密な評価を行うために，単元などの学習のまとまりごと，あるいはもっと短いスパンで評価する研究が行われている。この研究では，短い期間での評価を繰り返すことことにより，児童生徒は自らの学習の不十分である点を早期に発見することができる。また教師にとっても，学習者の学習状況の変化をつかむことができたり，復習や補習を行ったりすることもできるという

利点が挙げられている。

　しかし，評価のスパンを短くし，綿密な評価を行うためには，1単位時間の間に多大な評価資料を収集しながら授業をしなければならない，収集した膨大な評価資料を短時間のうちに分析し，処理しなければならないなど，教師に対して，教材研究や授業以上に，評価のために多大な労力を強いることとなる。英国では，指導と評価の間のスパンは，2～3秒の時もあれば，2～3週間の時もあるという。一斉授業を前提に授業が成立しているわけではない。柔軟に対応することが求められる。

評価の通知
　観点別評価は，各学期末，あるいは学年末にまとめて通知表や評価カードなどに全教科分が記載されて，児童生徒やその保護者に通知されることが多い。この場合，通常，観点別評価とともに，評定も通知される。

　各単元ごとに観点別評価を通知する事例では，教科ごとに評価カードが用意され，多くの場合，単元ごとの評価が記載されて児童生徒及びその保護者に通知される。

教師の立場から見た観点別評価
　教師にとって観点別評価は，児童生徒の学習の到達度合いを確認し，授業の改善や，到達の度合いが低い児童生徒へ支援するための参考資料となる。しかし一方で，評価資料収集のための莫大な仕事量の割には教育上の効果がはっきりせず，無駄な作業が多いとの意見もある。

　また，特に「関心・意欲・態度」の項目については，授業中の児童生徒の様子や授業中のノートの点検，宿題への取り組み状況など，さまざまな評価材料

で評価を行う試みがなされているが、人の内面の部分の評価であるため、他の観点のように質問紙などで資料を収集し、点数化して評価するようなことはきわめてむずかしい。そのため、「関心・意欲・態度を数値化して評価することには問題がある」、あるいは「関心・意欲・態度を評価する時間があるならばむしろ、児童生徒が興味関心をもって、意欲的に取り組める授業を作る準備に時間を充てるべきではないだろうか」という意見も挙げられている。

3 絶対評価

絶対評価は評価のうち特定の基準に基づいて絶対的に評価する方法。

生徒の成績を評価するにあたって、他の生徒の成績を考慮に入れず、生徒本人の成績そのもので評価しようとするものである。絶対評価には、到達度評価と認定評価の2つがある。

到達度評価

到達度評価は（目標に準拠した評価ともいう）、予め設定した到達すべき目標に対して、どこまで到達できたかで評価する。日本の公立学校においては、2000年ごろからこの方法による観点別学習状況評価が一般的になった。

到達度評価をするにあたって設定した到達目標を評価規準といい、到達目標に対してどの程度到達できたかを判断する指標を評価基準という。どちらも「ひょうかきじゅん」と読むが、意味は明確に異なるので注意が必要である。言葉を区別するために、規準を「のりじゅん」、基準を「もとじゅん」と読むことがある。

たとえば「鉄棒の練習」を評価する場合、

逆上がりができるようになる。
が評価規準、

補助板を使わずに逆上がりができた。

補助板を使って逆上がりができた。

補助板を使っても逆上がりができなかった。

が評価基準である。

　評価規準や評価基準を明確にすることで，評価方法が明確になり，また生徒に評価を返す際にも，生徒自身で自分がどこまで達成できているのかを確認することができるという利点がある。一方で，評価規準や評価基準の設定や判断は教師によるところが大きい。異なる2人の教師が同じ学習場面で同様の指導することを想定した場合，一方は全員が達成できることをねらった評価規準を設定し全員が達成できた，もう一方は，7割程度の生徒が達成できるような評価規準を設定し，およそ半分の生徒が達成できなかった，というような状況は十分起こりうる。そのため教師には，評価規準・評価基準の設定方法や，評価の精度についての研修が求められている。

認定評価

　認定評価は，教師が公開していない基準，教師の頭の中にある満足のいく成果というものにあわせて評価される。茶道，華道，書道など芸事に関係するものや理解の深さを判定するようなものの場合は，一般にこれが評価の姿勢にあるが，基準が生徒には分からないため，往々にして教師不信を生み出したり，逆に教師に盲従するといったケースも見られ，人間形成のための評価方法として，これのみで評価することに多くの問題点が指摘されている。

4　質保証に向けて留意すべき点

　外部学力調査と学校内部の教師によるアセスメント（スクール・ベースト・アセスメント）の相補完的関係，相互拮抗作用，さらには対抗する力により，個々の学校は，自校のカリキュラムを吟味・検討し，外部診断を受け，開発す

るスタンスを考える必要がある。そのためには，終業年限，すなわち6ヵ年や9ヵ年，12ヵ年を見越したスタンダードを学校がもつことが，カリキュラムのムリやムダ，重なりを見直すことになる。記述式問題の評価方法，教師の鑑識眼によるものの占める割合を確保することが，これから求められてくる質保証を先取りすることになる。

　ビッグス（Biggs 1998）によると，課題になっているアセスメントには，2種類あり，1つは，発達的なアセスメントで，時間軸に沿って能力の成長，概念理解の成長の関わるもので，今1つは，生態学的アセスメントで，現実の実社会，実生活という真正のコンテクストにおける知識の応用や適用に関心があるというものである。

第7節　エバリュエーション（評価）

　この評価は，長期指導計画や本時の学習指導案，そしてアセスメントと関わってくる。なぜなら，カリキュラム評価は，「カリキュラムを計画し，デザインし，遂行・実施するプロセスを含むカリキュラムに関する科学的証拠（エビデンス）を集め，それについての判断をなすこと」といわれるからである。この場合，学校レベルでのカリキュラム評価は，「スクール・ベースト・カリキュラム開発」を教員一人ひとりが自覚し，意識的に進める中で，授業プロセスと切り離さないで行われるべきものである。この「スクール・ベースト・カリキュラム開発」は，SBCDとされ，台湾では教員採用試験にも必ず登場するくらいである。香港，フィンランド，オランダ，ニュージーランド等で政策課題の最上位に掲げられている。詳しくは，近く出版予定の拙著『スクール・ベースト・アプローチによるカリキュラム評価』を参照していただきたい。

第8節　教師の知識（医者との対比において）

これまでも，指導上必要なコンテンツの知識（PCK：Padagogical Content Knowledge）を熟練した教師は，広範なレパートリーとして持っているとされてきた。ゴルフインストラクターによる運動技能の学習では，比喩が多く用いられているという。

現在，OECDでは専門職としての教師が再び新たな角度から注目されている。それでは，絶えず知識を作り出すプロセスと意図的普及が医者との比較でなされている（OECD 2000）。

図表2-7　専門職としての知識ベース

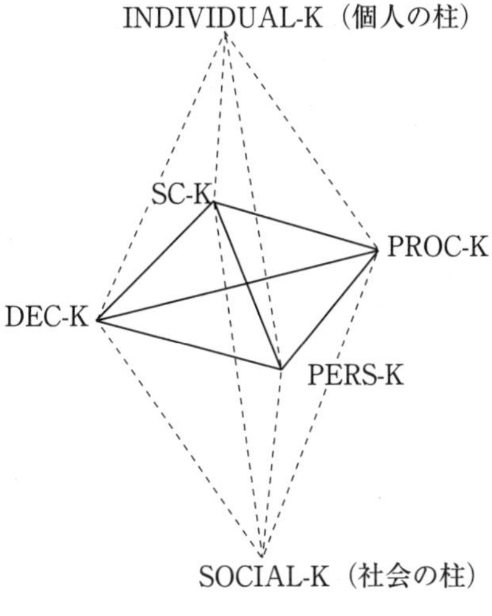

INDIVIDUAL-K（個人の柱）

SC-K
PROC-K
DEC-K
PERS-K

SOCIAL-K（社会の柱）

出所）OECD（2000）

図表2-8 医者と教師の知識ベースにおける比較

類似点1	3次元的な図の中で例証されるように，主な類似性は，知識ベースの構造的な<u>構成要素（コンポーネント）</u>にある。中央の水平の軸では，4つの分析的に別個の知識のタイプが提示される：。 ① <u>宣言的な知識（DEC-K）</u>（すなわち「それを知っている knowing that」こと）しばしば計画され，成文化された形式である。 ② <u>科学知識（SC-K）</u>（特殊な形式で成文化された知識である）。 ③ <u>手続き的な知識（PROC-K）</u>，「どのように，を知ること knowing how」。 ④ <u>直接の認識（PERS-K）</u>，試行錯誤や実践で学ぶことを含めて，経験によって，個人は，専門の知識ベースを統合しかつ熟練した専門の判断の開発をし，追求する。最初の2種類の知識は，比較的低レベルの暗黙知を伴いながら，形式的で，大部分は明示的である。後の，2種類の知識は，暗黙のことに富んでいる。各タイプの知識は他の3つのタイプと相互作用する。
類似点2	<u>第2の類似性</u>は，知識ベースのコアとその4つの知識のタイプにあるいくつかの共有される<u>特徴にあり</u>，特にクライアントの診断および治療や処遇の概念および問題の概念にあり，診断や治療がどのように専門的に正当な問題（分類）の辞書を備えているかや，また，立証する証拠（総合）と見なされるものも含む。分類と総合のシステムの獲得は職業教育と社会化の重要な特徴である。分類と総合は，4つの知識のタイプでの動的な相互作用のよい例となる。
類似点3	ティンカーリング（<u>下手な修繕をする概念</u>）。両方の職業で，これは，個人的知識に強く結び付けられる。医者にとって，それは，個人のためのよりよい専門家実践に向けての1ステップであるだけでなく，潜在的に，科学的根拠に基づき，社会的に共有される専門的知識への寄与でもある。教師にとって，下手な修繕をすることは，個人がよりよい個人的知識を進展させる手段として大部分は解釈される，社会科学の失敗によって残されたギャップを満たす，より妥当でより科学的な社会的にシェアされた知識ベースの出現の鍵かもしれない。

相違点	医　　学	教　　育
2つの職業によって得られた，異なる<u>進化</u>の<u>パス</u>に関係	医学における科学の役割は知識ベースを社会の柱の方へ引き寄せた。	教師間の科学の不足は個人の柱の方へ彼らの知識ベースを引き寄せた。

専門職的職業に備えて訓練の形式	医者の間では，知識ベースの明示的な面および暗黙の面の両方が，エキスパートから初心者まで有効な社会伝達を要求するため，徒弟モデルは強いままである。	教師の間では，徒弟制度から離れ，「反省する実践者」の型に移ろうとする動きがある。その結果，明示的であろうと暗黙であろうとエキスパートから初心者への知識ベースの社会伝達はまで無視され，専門職の社会化は個々の柱の方へさらに引き寄せられる。
研究開発へのアプローチ	再び，医者は図の下半分に残る。そこでは，実証的医療の開発は，有効専門的知識の共有に関係がある。	モデルの上部の部分で固定された教師は，「よい実践」に関する話に没頭するが，専門の実践を有効にするか共有する手段を一致した形で持っていない。

出所）OECD（2000）

　英国の教育改革は，学校ベースでの初任者教員研修，学校ベースでの研究，科学的根拠に基づいた専門家実践および教師の教室効果へ再び当てられた焦点のようなものを目指して取り組まれてきているが，これらは，より深い社会変革の一部として解釈することができる。

　このような中で，教員政策はきわめて重要なものとなりつつあり，しかもそれは教員の知識がより広い社会の変化の中で捉えられるべきとの指摘の上に成り立っている。すなわち，多くの種類の知識生産は，ギボンズらがいうように，「モード1」から「モード2」に移動している。すなわち，純粋で，学問上専門分野の，均質的で，エキスパート主導の，供給からもたらされた，階層的，同じ専門分野で評価される，大学ベースという「モード1」から，応用の，問題に焦点化された，学際的，異種混合，ハイブリッド，需要からもたらされた，起業家精神に溢れた，説明責任の，ネットワークに埋め込まれた，「モード2」の方への移動である。知識生産の多くの領域で，モード1から遠ざかってモード2の方へいくことが一般的な移動であるといわれていた（教育は恐らくこれらの流れから免れられない）。

結論としての仮説は，英国では，教育をモード2に向けた教育内での急速に成長する動向が，英国の教育を知識生産の最先端にそのうち置くであろうということである。大学がモード1からモード2までの推移が特に苦しい機関であるので，大学ベースの教師トレーナーが最近の改革に厳しく反対しているのは，このプロセスが確かに，恐らく逆もどりできずに進行中であることを裏づけるだけかもしれない。それは，モード2の教育の知識生産が成功する場合に，果たさなければならない新しい役割に順応するには，大学ベースの教育者にとって勇気を必要とすることであろう（D. H. ハーグリーブズ）。

　ただ，同時にD. H. ハーグリーブズが，日本の授業研究や校内研修をモデルに組み込んだ形で，「知識を創造する学校」論を展開している点は，特筆に値する。詳しくは，知識経済の時代における教育のナレッジ・マネージメントについて述べた，有本（2004）を参照されたい。

第3章　収集データによる国際指標への反映のまとめ

　第3章では，海外と日本の違いを際立たせるために，吟味検討すべく，事前の収集データとしての，国内パネル委員からの指標(案)のまとめ，その指標例(抜粋)を掲げ，事後の教頭先生による国際指標への日本の受け止め方についても記した。

第1節　パネル委員からの指標(案)のまとめ
　　　　──国際指標ができるまで──

　国際指標ができるまでの，国内パネル委員から指標(案)をまとめると，以下のとおりである。これら収集されたデータをまとめたものは英文に直し，各国のものをとりまとめた結果，第1部最後のまとめとなっている。

1　質の高い授業

(1) 指導の明確化と教室のコミュニケーションの明確化

📖 整理とまとめ

　この構成要素に関しては，日本では，子どもの理解の状況をふまえて，さらにそれを深める発言，教師からの働きかけ（発問や説明・助言等）をしている。たとえば，集団と個人の別，また特に小学校では，子どもの年齢や発達段階に対応した話し方（語彙，文法の選択）ができること，さらに，個々の生徒の可能性を引き出すことができることが重視されている。概念はよくしかも丁寧に説明され例示され，子どもの意見・考えに耳を傾けていることは重要である，

コメント・センテンスは短く，要点がわかり，適切さが重要という認識の共有が教師間でされている。

ただ，日本ならではのものとして，これらのスキルに加えて学習の開始点と同時にある種の終着点として関心や意欲が重視されているのではないだろうか。

その一方で，欧米的である，学習を始める前に学習の目的を明確に生徒に示す（目的をはっきり示すことで教員も指導内容を明確にとらえることができるという（教師は生徒がある教材を学んでいる理由を説明することは特に重要である等）ことが求められているように思われる。特に高等学校レベルでは，生徒の意思決定に関わる際の主体性の強さ，参加度を測っているなど，工夫が求められるかもしれない。

(2) 指導上の技能（技，熟練，うまさ）

📖 整理とまとめ

この構成要素に関しては，日本では，「発問の仕方」や「板書方法」など，授業を効果的に進める技術を身につける伝統があり，どうすれば児童生徒の学習を高められるか指導方法を吟味することが必要だとされている。たとえば，TOSSという教育技術法則化運動の組織があるように，生徒が学びの主体になるように，生徒の発言を引き出しながら授業を進めたり，1時間の流れが児童生徒に明確にわかるように考えていること，また，児童生徒の発言が適切に取り上げられることが，伝統的に非常に重要視され強調されている。

その背景にあることとして，またそのためには，授業での約束事を必ず守るように指導し，けじめのある授業にすることが必要である（教師は宿題を出すとか。保護者や地域の人間関係での協力は効果的授業に不可欠である）。また，子どもの興味を引くような導入の工夫をし，子どもたち一人ひとりに対して，考えを引き出す発問がなされ，意欲や積極性を促すための手立てを取ることができている（教師は個々のニーズを考慮し，さまざまな能力の子どもたちをひとつのグループにし，混成能力集団として，お互い協力して活動をさせること

通じて個に応じた指導としている)。

(3) 本時の指導計画・学習指導案
📖 **整理とまとめ**

　この構成要素に関しては，子どもたち全員がまとまって参加した授業であり，意見の発表などにいくつかの方法（挙手の仕方など）が用意されていることは，東アジアで共有できるものであろう。驚き，疑問，迷いをあえてもたせるような導入を行い，ゆさぶりと体験性の豊かな授業であっている。（指導はよく組織されまとまりがある。教師は同じ指導の部分部分をつないでいる。日本には，これまで，起承転結など「型」の伝統があり，導入展開まとめというのが一般的である）。教師は，生徒一人ひとりの状況に応じた理解度の予測や本時の授業展開の予想，不測の事態への対応策を考えておいたりすることができるが，教師はこの種の共有すべき指導案を探し，作り上げるのに苦労しているように思われる。以上の考え方の背景として，中学校や小学校高学年では，クラス担任との連絡をとり，クラスの雰囲気を理解している必要性が指摘されている。また，完全習得学習に組み込まれた形成的アセスメントや学習スタイルの一部として，焦点のはっきりした構造性のある授業をつくることは課題になるであろう。

(4) 参加型学習の推進とメタ認知能力の発達
📖 **整理とまとめ**

　この構成要素に関しては，ひとつの解決策だけでなく，複数の解決策を提示することで生徒が思考ルートを複数形成できるよう工夫していくのは，70年代に行われた発見学習の時代からあった。授業は，実践的問題とともに始まり，教師は生徒の注意を決定的な部分と問題解決に向けられる。学習活動の過程における生徒の取り組みを褒め，自己を肯定的に捉えられるようにすることを狙いとする。教材は意味あるコンテクスト上で提示され，生徒は教材とともに，

体験の機会ももつ。また，自己の学習方法等について評価する活動が継続的になされており，明確な視点が事後の学習に生かしてある。生徒はアイデアを生み出し，答えを説明し評価する際に，他の生徒と相互作用する機会をもつ。つまり，他人の意見に対する自分の意見を明確にもち，それを表明することができる場を可能な範囲で設けているのである。問題に取り組むプロセスの中で，自己認識や自己実現の契機を見出す場を設けるという取り組みは，自尊心の低い日本の子どもたちのことを考えると，緊急課題であるといえよう。とりわけ，異質な文化や考え方を受け入れる努力をしてきたことによる人生観や社会観を広げる機会を設けていることは重要であろう。なぜなら，日本における箱の中のように閉じた内側では強い相互作用は，反面大きな弱点になると考えられるからである。

2　学級環境

(1)　学級経営

📖 整理とまとめ

　この構成要素に関しては，日本では，教科外の特別活動（休日を含める）に熱心に取り組むことがあげられる。なぜなら，教師が，運動会，文化祭それに合唱コンクールなど課外活動を含め学習者中心の環境を創ることは，まとまりや団結を高めるのに重要であると考えられているからである。また，中等教育では，あいさつ・時間を守ることなど，生徒が学校での生活モラルの基準を教師から得，メリハリのある学校生活を送れるようにする，つまり，教師は権威としてではなく，しつけの責任を担うことが重要とされる。教師はさらに組織的な集中力と自己モニタリングスキルも指導することが求められる。特に，小学校1年生には当てはまり，従事する時間を高めるといわれている。教師が一人ひとりの声を聞こうとすることは重要である。また，子どもに学級経営方針が明確に示されること，生徒のよい行いを取り上げ褒めることにより，自発性・積極性を伸ばすことも求められている。教師は集団に対して教えることで，

第3章 収集データによる国際指標への反映のまとめ　79

すべての児童生徒が指導を受ける時間を高めているが，しかし矛盾する事態もでてきている。少人数指導のための職員配置計画にも関わって，授業の効果があいまいになっている，したがって学習集団から生活集団を分けてできないかという議論がある。小学校での理数科専科教員の議論もある。ただ，学級における帰属意識を高め，学習・生活習慣・進路指導について適切な生徒指導を提供すること，学級集団の一員であり，集団生活にはルールが必要であることを自覚させることは重要であろう。しかし，学級担任による，家庭訪問もその一環として機能しているところとそうでないところがでてきている。

(2) 学級風土と環境
📖 整理とまとめ

　この構成要素に関しては，伊藤亜矢子の臨床的研究によると，日本の学級風土に関する成果として以下のような下位項目がみられる。児童生徒は学級活動への関与をしている（教師はすべての生徒にとって高い期待を表明し，全人格の向上に焦点化させる（行事などクラス活動の取り組み，行事の盛り上がりなど））。児童生徒の間は親しい関係か。学級内の不和はないか。学級への満足感はあるかなどであろう。こうして，生徒同士は，お互いそして教師とよい関係をつくる機会が提供されているのである（みんな仲がよい，もめ事が少ない，ばらばらになる雰囲気がない，他の人と一緒にならないグループがある，このクラスは心から楽しめる）。
　日本では，掃除当番をきちんとする人が多い，規則を守るとか，規律正しいことも大きな特徴ではないだろうか。学習への志向性はあるか（授業中よく集中している，その日の勉強や宿題をこなすことを重視する），自然な自己開示はあるか（個人的な問題を安心して話せる，反対意見がある時も発言する人がおり，黙っている人が多いということはない），学級内の公平さは保たれているか（誰の意見も公正に扱われる）が，下位項目としてあげられている。伊藤によると，学級風土は，「世論調査」（ある数の人びとを選んでその意見を尋ね，

集団や社会の世論を調べること）のようなものという。

3　長期指導計画

📖 整理とまとめ

　この構成要素に関しては，日本では比較的不慣れな領域であろう。指導内容・方法の吟味，評価とともに，年度途中であっても必要に応じて修正されている計画である。似た単元が続くのか離すのか，考え，指導順序は１年間を考えて，配列しているかなど，１年間のカレンダーを考慮に入れることは，特に総合学習を導入するのには重要である。また，地域の特性や学校の状況に対応した計画となっていることは，検定教科書のもと，マルチメディアを利用し，指導計画を学年ごとに照らし合わせることによりカリキュラムの全体像を明確にすることも重要である。しかし，アセスメントを組み入れる場合，つまり学習全体を通して，生徒にどんな力をつけたいのかを明らかにする点では，日本の場合，ＡかＢいずれかのステレオタイプではなく，全人教育をするために融合ないしはハイブリッド型である。

　まだまだ，海外でみられるような，キー概念を伴う教科横断型はこれからであるが，それには，児童生徒に対する多次元的な研究とデータ収集方略をもち，十分時間が認められる必要があり，ティームティーチング，フレキシブルなスペース，時間，ヒト，カネも重要といえよう。

4　個に応じた指導

(1)　個別化教育とインクルージョン

📖 整理とまとめ

　この構成要素に関しては，一般的に，教師は個人のニーズを認識し，混成能力グループ編成と協力的活動を通じて指導を適合させることが重要だと認識している。個々の子どものニーズや適性を把握できている。補充・援助すべきこと，その子にとってのやり易さ，得手・不得手，学習進度の遅い生徒に対して，

どこでつまずいているのか，に対応する習熟度別学習を導入することは，特に義務教育では，最近までタブーだと考えられていた。そのため子ども同士による個性の理解と受容がなされているところが大きい。日本のような画一性に従いがちな国では，「人並みにしてひとつよいところを」という自然な期待が保護者と教師にはある。しかし，中等教育では，一斉授業と個別授業を意識して分別して実施するという時期にきている。この流れを受けてすべての子どもが学習に参加できるような配慮がなされてきている（たとえば，教師は児童生徒全員によって生み出される問題への解決策の討論を通じて個人差を調節する）。

さらに，障害等について理解がなされていることは重要であるが，インクルージョンプログラムは，国内では始まったばかりであるといえる。

(2) 評定と評価
📖 整理とまとめ

この構成要素に関しては，個々の子どもの行動について，つまずきの理由，発言内容の意図など，意味づけや解釈・説明ができることとされている。教師は生徒の応答の適切性と正確さについて明確な情報を提供することは重要である。たとえば，教師が児童生徒の解答の正しさについて，はっきりとしたフィードバックを提供するようにである。目標に準拠したアセスメント（いわゆる絶対評価）は，2001年，国の政策として全国的に明確なガイドとしてスタートした。児童生徒の学習は体系的に得点，尺度，調査，チェックリスト，他の道具によって記録されるというものである。また，学校で終業年限を考え，学習内容と日常生活を関連づけての，思考力や意欲・態度の評価をしている。しかし，教師は教科書に依存しがちで，これまでの傾向を捨てきれない。思考力や意欲等は4つの観点から国によって言及されているが。こうした中で，評価規準は授業の最初に児童生徒と共有され，児童生徒が持続的評価の改善に関わっていることは重要であるが，このような試行は先導的試行の実験学校で始まったばかりである。外部と内部との各種定期考査でバランスよく個々の子ど

ものアチーブメントや到達度を把握できていることは重要である。日本では，全人教育を行うために達成目標の他に体験や向上目標のようなものをもっている。特に日本のようなプロセス志向の社会では，弱いアカウンタビリティを変えるには外からの圧力が必要である。つまり，カリキュラム作成には外部との相互作用が不可欠なのである。

5 教師

(1) 教師の知識（教科，教育方法，指導上必要なコンテンツの知識）

📖 整理とまとめ

この構成要素に関しては，研究授業の実施と教師仲間との話し合いの機会があり，さまざまな指導方法に対する理解と活用がなされているか，同僚との学びあいの様子が見られるか，といったものが日本では見られている。教科書利用の圧力がある中で，教師は適切な教材内容に興味を示すことは重要とされているのではないだろうか。実際には，同僚の授業を観察し，教材の選択や教授方法における工夫を学ぶ自らの指導力向上のために進んで研修している様子が見られる。これには，忍耐をもち，猛烈に仕事に取り組む，漸次的な自己改善が背景にある。ひとつの教科の単元や本時の授業について，数種類の指導計画を作成することができるかということも，指標のひとつとなっており，この指標は日本では特に重要とみなされているように見える。また，指導内容に対する深い理解が見られるか（教師は知識に基づいて，動機づけし興味をもたせる教材を作成できる）。学習，動機づけに関する知識をもち，実践したり，専門知識の深化や新聞を読んだりして，教育にかかわる時事問題について，2つ以上の立場から解説をすることができることも求められる。ひとりのスーパーティーチャーよりチームワークが重視される風土がある，これらの背後には，安定した比較的高い給与が背景にある。

(2) 教師の専門職性と振り返り

📖 整理とまとめ

　この構成要素に関しては，自分の授業に対する振り返りを批判的に行うことができるかや，自分の実践を常にフィードバックして，客観的に振り返ることができるかというものがあげられている。また，的確な視点からの振り返りがなされていること，教師としての自分のあり方（パフォーマンスや心構え）の問題点を常に探り，改善しようとしているかが，重要とされている。さらに，指導技術や研究授業などに参加しているか，振り返りに同僚の力を借り，授業を客観的に評価してもらう機会を得ているか，教員同士のコミュニケーションや同僚との学びあいの様子が見られるか，同僚の授業を観察し，教材の選択や教授方法における工夫を学ぶ自らの指導力向上のために進んで研修している様子が見られるかも重要とされている。つまり，先輩教員や同僚の授業に参加し，視野を広げ，力量を高めることが必要だという背景がある。研修の場に参加し，知識を深めるとともに授業実践方法を学び，生徒の育ち全般を見て，教科や教育に関する情報を得，自らの授業や教育「観」に役立てる，そして子どもたちや保護者，社会の求めを常に理解しようとし，また，対応しようとしている。こうした指摘が多々見られるということは，ショーンの著書『反省的実践家』が訳される前からその風土は海外に比べてあるという証拠となるのではないか。日本では，教師は同僚として，授業研究に参加し，授業研究を通じて個々の教師は研究主題のための指導方略を共同して開発し，学校でその利点不利点を研究する。

　ただ，教師は，新しい事柄を学ぼうとし，変化と教育改革法案（措置）を取り扱うことができるかどうか，これについては，学習者のメタ認知をどう育てるかなどひとつとっても教師が身に付けることが求められる。こうした背景と呼応して少しずつであるが，日本では，「出る釘は伸ばす」式に表彰したり，いくつかの地教委で教員評価による教員の給与体系の見直しが起こっている。

第2節 上記の経緯として日本側パネル委員からあがってきた指標(抜粋)──国際指標ができるまで──

　質問（クエリー）3の段階でパネル委員によってもともとあがってきていたものは，それぞれ小・中・高等学校，教科により多岐にわたったが，サンプルとして中学校（理科）のものを掲げると，以下のとおりである。

　　1-(1) 指導の明確化
　本時のねらいを明確に把握している（ねらいの明確化はよい授業を行うために欠くことができない）。
　子どもの意見・考えに耳を傾けている（一方的な教師の指導はマイナスである）。
　子どもとのコミュニケーションから互いに思考を深めている（互いに刺激をしあうことが大切である）。
　子どもの理解の状況をふまえて，さらにそれを深める発言をしている（一人ひとりに応じた指導が必要である）。
　子どものよさを引き出そうとしている（手間のかかることだが大切なことである）。

　　1-(2) 指導上の技能（技，熟練，うまさ）
　子どもの考えを引き出す発問がなされている（思考を深める発問であること）。
　子どもの興味・関心を引き出すような教材を提示している（子どもをひきつける教材であること）。
　子どもの考えを生かした授業展開がなされている（授業全体が教師主導ではないこと）。
　子どもの発言を最後までじっくりと聞いている（思考を深めていくためには必要な条件である）。
　大切な知識や原理を理解させる指導がなされている（本時のねらいに即した指導が不可欠である）。

　　1-(3) 本時の指導計画
　効果的な学習課題を設定している（学習活動を通して理解が深まるための課題であること）。

子どもの主体的な学びを保障する学習過程が工夫されている（主体的な学びは保障したい）。
　効果的な教材・教具が準備され，活用されている（子どもの実態を考慮したものであること）。
　理解や思考を深められる学習活動が設定されている（子どもの考えを深められる学習活動がある）。
　学習の振り返りがなされている（子ども自身の評価が大切である）。

1－(4)　参加型の学習を促進し，メタ認知的スキルを開発する
　学習を振り返る活動がなされている（自己の学習方法等について評価する活動があること）。
　振り返り活動が継続的に行われている（単発的な活動ではなく継続的なものであること）。
　振り返りのための明確な視点が示されている（メタ認知を進めるためにも必要である）。
　振り返りを事後の学習に生かしている（フィードバックが大切な活動である）。

2－(1)　教室風土と環境
　学習意欲を高めるような印刷物が掲示されている（意欲を高めるような工夫が必要である）。
　すべての子どもの作品が教師のコメントを添えて掲示されている（子どものやる気を引き出すには効果的である）。
　学習活動に必要な道具，図書，資料が備えられている（授業を支える大切な要素である）。
　室内は落ち着いた雰囲気で整理整頓されている（学習環境は大切な要素である）。
　活動目標，行動目標が適切に掲げられている（常に確認しながら学習を進めることができる）。

2－(2)　学級経営
　子どもに学級経営方針が明確に示されている（学級像が周知されていることは大切なことである）。
　互いの人権を認め合う雰囲気が形成されている（心落ち着く雰囲気は大切である）。
　学級のルールが適切に設定されている（子どもが納得できるルールであること）。
　授業に必要な学習訓練がなされている（これなしには学びのある授業はできな

い）。
　子どもには学級に対する満足感が見られる（学級に所属していることに対する満足感が必要）。

　3　長期にわたる指導計画（単元，学期，年間，年度レベル）
　修業年限を見通した指導計画が用意されている（指導の重点などについて見通せる計画であること）。
　1年間を見通した単元が構成されている（効果的な指導計画であること）。
　連続性や妥当性のある指導計画である（断片的ではない指導計画であること）。
　年度途中であっても必要に応じて修正されている計画である（実施した学習により予想外の反応が生じるのは当然のことである）。

　4－(1)　個別化教育とインクルージョン
　子ども一人ひとりの学習に係わる実態を把握している（実態把握がまずなされていること）。
　すべての子どもが学習に参加できるような配慮がなされていること（個への配慮が大切である）。
　教師の発達障害等への理解がなされている（障害等について理解がなされている）。
　子ども相互に個性の理解と受容がなされている（互いに認め合うことは大切である）。
　子どもの実態に応じた指導がなされている（個別の指導が行われていること）。

　4－(2)　評定（アセスメント）と評価
　学習内容にふさわしい評価方法を採用している（内容に応じた評価方法を用いることが大切である）。
　用意した評価方法を適切に用いている（評価方法について慣れている必要がある）。
　評価結果に基づいて子どもの学習状況を適切に把握している（達成状況を的確につかむことが大切である）。
　評価情報に基づいて指導方法を改善しようとしている（自己の指導法を省みることが大切である）。
　改善策に基づいて適切に子どもの学習を深めている（評定に基づいて子どもに適切にフィードバックすることを心がけたい）。

　5－(1)　教師の知識（教科，教育方法，指導上必要なコンテンツの知識）
　指導内容に対する深い理解が見られること（学習内容について当該校種の学習

レベルを超えた理解があること）。
　さまざまな指導方法に対する理解と活用がなされている（指導方法について研究に努めていること）。
　各種の学習理論に対する理解と活用がなされている（学習理論を実地に生かそうとしていること）。

5 -(2)　**教師の専門職性と振り返り**
　同僚との学びあいの様子が見られる（授業の質の向上を図る努力を行っていること）。
　自らの教育実践に対する評価が行われている（的確な視点からの振り返りがなされていること）。
　自らの指導力向上のために進んで研修している様子が見られる（教師自らが学習者であること）。
　教育をめぐる社会の動向を把握している様子が見られる（広い視野から指導を考えることが大切である）。

第3節　国際指標への日本の受け止めと日本からの反映——国際指標ができてから——

　以上，共通点もあり収束するところもありながら，海外と日本との制度上文化上からくるギャップは依然大きいと思われる。
　そこでまず，以上の国際指標について，日本の受け止めは一般的にどうなのか，現職の教頭の目から見て，指標へのコメントや感想をいただいた。なお，指標への感想は，教頭会の代表の方（栃木県宇都宮地区）25名である（その1）。
　さらに，授業観察する上で，その背景にあるものを中国のものと比較するという課題のもとで，普段無意識にしている実践について，自らを振り返りながら，今後の指標に日本側からのものを代替案として，反映するべく，「日本の教育で誇れるもの」を表出してみていただいた（その2）。その際，先行研究として，中国のものを掲げた。中国では，以下のように効果的授業を研究して

きた経緯がある。

> ［学級経営］
> ずっと課題に従事している。
> 観察の間中断の数が最小限である。
> しつけや訓練の問題がわずかかほとんどない。
> 授業を継続して教師はモニターしている。
> ［学習指導］
> 新しい教材（コンテンツやスキル）を教師は提示している。
> 独自に児童生徒が練習している。
> 教材をおさらいし，まとめることを教師がしている。
> 教師は発問と発問への応答においてスキルを例示している。
> いろいろな指導技法を教師は用いている。
> すべての児童生徒が関与する機会を与えている。
> ［学級風土］
> 学力達成に対して全般的に高い教師期待をもっている。
> 適切な知的な強化やフィードバックを教師は与えている。
> 授業は親しみやすい雰囲気をもっている。
> 部屋の物理的特徴。
>
> **中国における効果的授業の構成要素（Lee 2003）**

　上記の問題意識はこうである。欧米とのギャップは，東アジアの教育と対比することにより埋められるだろう。比較的スタート地点の似ている中国の教育を鏡に，小異を「残して」大同につくことができるだろう。日本では，義務教育はこれまで効果というより義務の意識が保護者にも強かったが，少人数指導等をきっかけとして，効果が問われるようになりつつある。しかし，同時に，カリキュラムづくりもスタートしているため，従来の要素を維持しつつも，より質の高いものを目指しているともいえる。

　そこで，授業をカリキュラムに位置づける見方を教頭会の先生方に説明した上で，授業観察とともに，授業の背景（単元・本時目標（ねらい・願い），学校・地域のリソース（施設整備等）の現状把握や子どもの実態分析等，国・地方当局からの文書資料や学校における教育目標・研究目標等）を含め，4つに

わけて説明し，記入いただいた。それを整理した結果，カリキュラム評価，学校自己評価にも広がるものとなる可能性を見出せ，本書第4章のように，学校それ自体を活性化するものとして役立つことも考えられるようになった。

1 質の高い授業に対して

(その1) 指標へのコメントや感想例

1-(1)
- 教師自らが研鑽を積み，指導力の向上を図る。
- 授業内容をしっかり把握した指導計画の作成。
- 生徒の興味・関心を踏まえた授業の展開。

1-(2)
- コメントがむずかしい。

1-(3)
- 完成された指導計画・評価計画に対しては常に検証するための作業は欠かせないものと思う。

1-(4)
- むずかしいのでコメントなし。

(その2) 全体的・包括的にみた代替案としてのコメント

　ひとつ目には，【教師の個人の力】があげられる。授業力（生徒のコミュニケーション力を含む），指導案に基づく発問と予想される答えが大事にされる。児童生徒の学習の状況をいろいろチェックしなくても学習の様子を見ていれば分かる教師の力量がある。

　また，しっかりとした教材研究もあるが，教師としての経験と相手状況の読み取り能力が優れている。学力保障と社会保障を念頭に置いて授業を進めている。授業の単位時間での学習のポイントを，ヤマ場をしっかり運営して，確実に学習を展開する教師の実力がある。導入部での意欲付けや教材の工夫，子ど

もどうしのやりとりの工夫，宿題の工夫が見られる。【授業】では，生徒が関与する機会を与えているとか，つまずきの解消，教材の工夫がなされている点があげられる。単元（または小単元）のねらいを授業者が十分に理解して，そのねらいの達成のために適切な教材を準備（教材開発）して児童生徒の主体的な学習（学習形態，コミュニケーション）を促しながら指導を行う。学力＝積み重ね型ではなく，考え方を重視している。

そのため，特に，活動の場を教室内だけでなく，郊外にも広げ，日頃の生活の場から学習を捉えている。その場合でも，今日の授業は何を学ぶのか，何を体験するのかをよく説明する点がある。授業のマネージメントも欠かせない。

2　学級環境に対して

(その1)　指標へのコメントや感想例

2 -(1)
- 教師にとって学級経営は授業と並ぶもっとも重要な仕事である。
- 教師の言葉かけは大切なことである。

2 -(2)
- それぞれの項目が指導者としての原点ではないかと思う。

(その2)　全体的・包括的にみた代替案としてのコメント

まず，集団の中での【個への配慮】があげられる。日本では，教師がひとりだけの重なる意見を認めるより，公平に指名をしたりして，全体のレベルアップを工夫している，あるいは，テスト結果の点数や順位の公表をやめ，個々の興味・関心・意欲・能力を高めているというものであった。興味・関心をもって自主的に取り組めるとか，きめ細やかな配慮による学校教育は日本の教育の誇りという指導法での配慮，個に応じた指導や学習であった。個々の能力にあった課題を与える授業により基礎基本の定着が図られるなども特徴である。

とりわけ，【人間性】が求められる。指導法では，教師は授業の質を高める

のみではなく，自己の人間性を高めることが求められているようである。知識理解力が高くても，道徳的に劣っているものには人間力として高い評価はしない。これには，産業，労働・雇用からの像の広がりも求められている。

学級風土と学校風土（学校生活すべての場面であらゆる指導・教育を行う）が強調され，学校のすべての面（生活・学習）への強い期待がある。進路指導を通して多くの人・教師の人生観を学んでいる。

日本の学校は【集団の中での学び】が，強調される。個々の競争力は劣るが，団結力を高めようとする教育をしている。良き人間関係があって，教育が成り立っている。学習者同士が学び合う，助け合うという雰囲気は，江戸時代の寺子屋の学習からその土壌がある。ただ，清掃・給食指導においては，家庭の状況もまちまちであるため行き詰まり感がある。

それに代わって，生徒の考えをコーディネートしたり，互いの人間関係を調整する等に重点を置いている。競い合いながら高めあえるような意見交換ができる設問があげられる。

【学習習慣・環境】子どもの学習意欲を大事にし，学習環境の整備（掲示物の教育的効果），朝の読書＝教師が姿を見せる，放課後の学習相談の実施など工夫し，しつけや学習訓練を身につけ，効率的な学習展開をしているなど，絶えず動機付けしている。子どもの生活習慣の定着度の深化を図ったり，施設・整備の現状把握と補強を行うというものである。

【心のケア】としては，カウンセラー（週1回），心の相談員，生徒指導主事，学年各1，養護教諭で週1回相談部会をもつ（内容：全校生徒についてケア（心の問題が多い）を行う）。

【学校環境】としては，明るい雰囲気にするため「花いっぱい」「清掃強化」「コミュニケーション」などが工夫され，学校教育の目標に加味している。

【学校行事】は，日本の特徴といえる。文化祭，体育祭，その他にも学校行事がある。学級経営のまとまりには，学校行事による生徒の自主性が不可欠である。その中で，たとえば，地域の特性を表す競歩会（クロスカントリー）を

行っていることは，生徒の自信につなげているといった報告もある。生徒は行事で成長している（体育祭・遠足・修学旅行・合唱コンクールその他）ともいえる。

【保護者の協力を得る工夫】としては，家庭訪問・教育相談・三者懇談・進路相談などを年間指導計画の中に位置づけ，実施日における日課の工夫をしている。生徒理解に努める保護者・家庭の実情を知り，協力を得る。PTA・保護者の協力や家庭教育力の実態があり，地域が学校をシェイプしているといわれるゆえんである。

その上で，授業は小人数制を取り入れ，あるいは，T・Tで行うことで個別指導の充実をめざすため，一人ひとりに目を向け達成感を味わわせるよう努めたり，特に数・英においては2クラスを3つのグループに分け，習熟度別学習などよりきめ細かな授業を行っている。個々の能力，悩みの把握が良くできる。現状で35人学級であるが，将来30人学級を希望したいという学級組織の問題とも関わるものである。

総じて，個別化における生徒中心カルテの作成と利用，個に応じた学習（個々の目標管理），マネージメント（個々の生徒の把握），子どもたちの能力差を認めている授業の経営はよいというものである。

3 長期指導計画に対して

（その1）　指標へのコメントや感想例
- 指導計画作成の時点で，アセスメントの方法等について考えておくことが大切であると思う。

（その2）　全体的・包括的にみた代替案としてのコメント

【平均化された教育】として，国のカリキュラムに沿った教育が平均化されていることが背景要因として大きいが，今日，学校単位での教育機器の活用，合科的学習の導入があげられるだろう。国・地方当局からの文書資料や学校に

おける教育目標・研究目標等の吟味や検討が求められてきている。

単元・本時目標（ねらい・願い）が，学校・地域のリソース（施設整備等）の現状把握，子どもの実態等と相互作用して進められる。

4　個に応じた指導に対して

(その1)　指標へのコメントや感想例

4-(1)

授業の質保証を個別化教育から見た場合，現場ではまだまだ遅れている。絶対評価に切り替わっているが，集団の達成状況をいまだに評価しているのが現実である。ようやく「支援を要する生徒への助言や具体的な指示」を準備して，授業の中で基準をクリアーさせる努力をすべきとの意識をもつようになってきたところではないかと思う。未だに，クラスを教師が意図した学習活動に導くことに四苦八苦している。生徒一人ひとりの学習参加状況の特性に着目して，指導者がゆとりと幅をもって生徒をみることができる「個人カルテ」のようなものを準備する意識をもたないとむずかしいと思う。「そんな細かいことまではできない」という声が聞こえてきそうであるが，案外授業をしながら教師は「生徒の印象」として気づいていることが多い。個々の活動を通して，見えてきたことをメモに残すことができれば個別化への視点は容易にもてると思う。これからの授業者は生徒を集団の中のひとりとして見るのではなく，一人ひとりの集まりが集団ととらえることを求められると感じている。

- どんな状況の下であっても生徒理解をしっかりと行っていきたい。
- 教員は子どもが一人ひとり異なる人格，性質，体質，能力等を持ち合わせていることを認識して教育に当たらなければならないと考える。なぜなら教育は生徒の人格形成を目標としているからである。
- 社会性・公共性をはぐくむために，生徒全員が参加できる環境を用意することが大切である。しかし，個性を尊重し，個に応じた教育も必要であり，その兼ね合いの調整も必要。

4 −(2)

「アセスメント」という用語自体がわからないという声が多い。

(その2) 全体的・包括的にみた代替案としてのコメント

さまざまに開発された教材教具があり，その中から子どもの実態に合ったものを選ぶ。机間巡視など，個々への対応を心がけている。指導法（フィードバックを大切にする）。ペーパーテストの内容の工夫とその結果を返したときの子どものやる気の高揚。予習がいいか，復習がいいか，量は，対象は上中下どこかなど。授業においては，基礎・基本を重視したグループ，さらに発展したグループに分ける等，それぞれに教師がつき，指導・助言にあたっている。学習活動に評価基準の作成，テストと返却にも工夫がある。

背景には，【外部との連携】があり，教育委員会・学校・保護者・地域との連携，市の学校教育の重点，授業時数の確保もさることながら一人ひとりの教師の意識が国全体で同一方向を向いているような気がする。日本全国どこでも同じ教育が受けられる。エリート教育も大切だが，全体の底上げを日本は重視しているように思える。

【計画性】として，学力達成−将来の目標，学校経営方針，努力点，教育課程編成の方針，年間指導計画と評価計画（教科・領域・道徳・総合）に工夫が見られる。

【教育の機会】には，体験学習の導入など，学習指導と生活指導の一体化，全人教育（学校生活すべてが教育の機会）であり，生徒の人間性を（学校・保護者・地域）力で育てている。

5 教師の知識に対して

(その1) 指標へのコメントや感想例

5 −(1)

・知識も必要だが，生徒とのコミュニケーションをうまく図ったり，愛情を

もつことも大切。

5 −(2)
年齢や職位に応じた自己研鑽のための努力が不足しているのではないか。また労働環境も影響しているが，時間的，精神的なゆとりがない現状である。これからは自己内省とともに，相互評価，改善に向けた協議が必要である。質の高い授業づくりに取り組める環境を整えることも大切である。

(その2) 全体的・包括的にみた代替案としてのコメント

【教師同士の連携（同僚性）】があげられる。学級担任，教科担任を中心に生徒理解・教科指導がされている。専門教科だけでなく，他教科まで学習範囲を広げ，学ぶ必要性を感得させようとしている。道徳・特活の指導においては全校体制で取り組むものの教科指導においては教科に任せている。教師の同僚性と振り返りには，校務分掌（各分野・係の年間指導計画）の組織の問題があげられ，教職員が家族のように助け合う学校は安定した経営ができるかも知れないというものである。教科部会・学年部会の充実などがある。

日本の場合，学校を動かす基礎のひとつに，時間を気にせず，部活や教材研究をする教師がいること，教師の質向上として，土日も惜しまず働く教師の姿勢があることが背景にある特徴ではないか。しかし，教師の能力にも差があることを知ることが大切であろう。

日本の教育の効果について，かなり圧縮された形ではあるが，よく記述されているように思われるが，いかがであろうか。日本の教育は，「さまざまなきめの細かい質のコントロールに学校全体で時間をかけてきたこと」が読み取れ，事実として米国視察団からの同様の指摘がある。根底には，しいて事挙げしなくても，相手の状況を読み取る能力が高い点，内省して自覚する社会であることが，日本の教育の奥底にある。お互い絶えず動機付けをし，協調性や思いやりの念育成に配慮し，時間を費すのは想像以上である。コスト的にもきわめて

安上がりな動機付けシステムを，文化の中で維持してきた。本来，日本人はいろいろと察する能力がある。これを，学習の中でも培っている。しかし，最近，いわれなければ分からない人が多い，明示的に示していく必要があると思われる。そこで，第4章のチェックリストも明示的に求められるであろう。

第4章 授業評価と学校の活性化につながる学校研究

　第4章では，授業評価と学校の活性化につながるSBCDによる学校研究に触れる。従来進めてきた授業プロセスの改善のため学校研究診断チェックリスト研究との接点を，授業観察国際指標との照合により追求する。その意味は，一人の力では限界がある学校全体の変革という点にある。逆に，学校全体を活性化させるには，個人一人ひとりへのフィードバックによる力の発揮と日本で独特な「力を合わせる」（「三人寄れば文殊の知恵」）という点，日本の授業評価と（変形する）力のある学校（学校力）の診断による学校改善に帰着することを述べる。こうして，指標の日本での教育実践への反映，全国学力調査による学校レベルでのカリキュラム評価につなぐ。

　著者は，1980年代初めより，SBCDのための日本の特色ある学校（主として小中学校）の学校研究について，授業評価からの診断的評価道具づくりを進めてきた。ここでは，その際のチェック項目を，授業観察指標と照合させ，具体化して，今後につないでいく資料としてみたい。

第1節　質の高い授業

(1) 指導の明確化と教室のコミュニケーションの明確化
 1．活動の目的を明確に説明している。
　　子どもへの単元の学習内容の意義や目標を理解させる指導をしている。
　　学習課題や学習のねらいを自己目標として捉えさせる指導をしている。

2．教師は，適切なコミュニケーション能力を示している。

　コミュニケーションスキルについて子どもを系統的に教えるようにしている。

　発表の仕方，発言の仕方，ノートの取り方などの訓練をしている。

3．授業内容は，適切に構成されている。

　一般的に，利用できる授業設計をもつようにしている。

　単元での診断的評価の実施をしている。

　単元での形成的評価の実施をしている。

4．教師は，多様な手本や図解などの実例を用いている。

　映像，活字，実物など多様なメディアを組みあわせ授業に利用をしている。

(2) 指導上の技能（技，熟練，うまさ）

1．教師は，児童生徒に関与することができる。

2．教師は，テクノロジーや他の補助教材を適切に取り入れている。

　教材教具，機器などの操作技能の訓練をしている。

　辞書の引き方，図書館での調べ方などの情報を収集する技能の訓練をしている。

　感想や意見などをイラストや作文に書き表すようなことをしている。

　視聴ノート（視聴カード）の取り方について，学年・学期のはじめに特別な指導をしている。

3．教師は，児童生徒の意見を引き出す発問の技術をもっている。

4．教師は，さまざまな教育技術と実践の方法を使っている。

5．教師は，モデリングの技術を使っている。

6．はっきりとした目標と授業の学習項目が明示されている。

　授業計画のための独創的な設計をもつようにしている。

　本単元や題材の前提となる知識や技能を明確にしている。

(3) 学習指導案

1. **効果的に計画されている。**
   単元ごとに基本概念や要素を取り出し，構造化をしている。
2. **学習のリソースと教材が適切に準備されている。**
   教室でパッケージ化された教材を利用する計画をもつようにしている。
   校外機関からの資料の授業活用している。
   学校放送番組の計画的継続利用している。
   授業案，テスト問題，資料，各種視聴覚教材などのパッケージ化している。
   教材資料センターのための施設設備をもつようにしている。
   教育機器の担当者がおかれている。
   地域の教育センターからの資料の入手がなされている。
   番組の事前視聴や番組研究がなされている。
   パソコンやワープロの導入利用が有効になされている。
   特定教師の特技やスキル，興味を活用している。
3. **計画は連続性があり，構成がしっかりしている。**

(4) 参加型学習の推進とメタ認知能力の発達

1. **教師は，児童生徒の問題解決やメタ認知能力の発達を支援している。**
2. **教師は，児童生徒の批判的思考能力の促進を支援している。**
3. **教師は，深い思考力の発達に重点をおいている。**
4. **教師は，児童生徒が積極的な学習者として振舞える機会を与えている。**
   子どもが教材を自分で準備したり組織するようにしている。
   子どもの作品や記録の授業活用をしている。
   図書室や資料室を資料収集のために整備をしている。
   各種の機器施設設備の利用頻度に偏りはない。
   各種メディアの開放をしている。

5．教師は，学習内容を児童生徒の現実生活に結び付けている。

第2節　学級環境

(1) 学級経営
1．児童生徒全員が価値ある存在として尊重されている。
2．教師は，児童生徒全員と相互に交流している。
　　クラスの中で異質グループ編成を設けている。
　　同学年合同の学習集団を設けている。
　　異学年縦割の学習集団を設けている。
○必須においてのクラス内グループ活動の上に，必修，総合などで，多様な（クラス内グループ活動，同一学年でのグループの組み合わせにバリエーション，異学年交流学習など）形態が定着，流動性がある。
3．教師は，高い期待をもち，それを伝えている。
　　子ども自らが，目標や課題を決定できる学習をしている。
4．教師は，積極的な活動への参加を促している。
　　問題解決の方法や探究的な方法が習得できるように指導をしている。

(2) 学級風土と環境
1．クラスの約束事が明確にされている。
　　教室でのグループ活動について訓練するプログラムをもつようにしている。
　　小集団学習においてグループ討議の指導をしている。
2．学習に従事する時間を最大にしている。
　　－宿題や課題を適切に与え，家庭における学習の充実を図っている。
3．児童生徒は，学級づくりに参加している。
4．児童生徒の問題行動は，効果的に対処されている。

5．時間管理や教室の活動の流れは，効果的に管理されている。

第3節　長期指導計画

1．**長期指導計画は，それぞれの特殊な状況に適合するよう計画されている。**
　　カリキュラム開発において地域のニーズや独自性を考慮するようにしている。
　　地域の調査研究（郷土学習）を積極的に行う単元を設けている。
　　地域と学校の行事や学級会活動と関連した単元を設けている。
　　学校自由裁量の時間を活用した総合学習を設けている。
　　米作り，植物栽培などの勤労体験を中心とした単元を設けている。
　　郷土素材のリストアップをしている。
　　ビデオ教材の自主制作をしている。
　　子どもの多様性に複数の教材を用意している。
　　地域の伝統文化や遊具に親しませる単元を設けている。
　　自作番組をつくったり放送したりする活動をしている。
　　教科の性質とともに子どもの発達を考慮した研究主題をめざすようにしている。
　　身近な生活の題材を中心にした生活単元を設けている。
　　学校探検・友達紹介などを中心にした単元を設けている。
　　子どもの意見・提案を授業に取り入れていくような単元を設けている。
　　理科・社会を中心に表現活動の総合単元を設けている。
　　その日の子どもの問題意識から作られていく経験的な単元を設けている。
　　テレビや映画を用いた，主題の把え方や大切な場面の把え方をしている。
　　生徒にガイドブックを作成している。
　　数量・言語などの習得を中心とした合科的な単元を設けている。
　　総合単元（性・たばこ・男女交際など）の設定をしている。

○合科，総合的学習に関しての開発を長年にわたり全校で進めてきた。カリキュラムに独創的な工夫がされている。
2．アセスメントは，長期指導計画の中に組み込まれている。
　　重点単元の年間指導計画の中への位置づけをしている。
　　通知表に観点別の到達度評価と相対評価の併用をしている。
　　授業案の中に評価の視点や方法を明記をしている。
　　選択学習（課題選択，学習順序選択，学習方法選択）の導入をしている。
　　全員に確実に習得させることと，自由な発展を認めるものとを区別をしている。

第4節　個に応じた指導

(1)　個別化教育とインクルージョン
1．教師は，児童生徒の個性について十分に説明できる。
2．教師は，児童生徒の全員が参加できる環境づくりをしている。
　　個別，グループ，一斉というような指導形態をとるようにしている。
　　教室空間の活用の変化をしている。
　　学校外での学習の場の発掘をしている。
　　廊下，玄関や校庭などの活用をしている。
　　同一敷地内に学校隣接している。
　　校外の施設・スペースをしている。
　　空き教室のオープン・スペース活用をしている。
　　多目的スペース利用をしている。
　　低学年専用のプレイルーム利用をしている。
　　学年共用のフロア利用をしている。
－基本的教科（国，算，理：数，理，外）で小人数授業をし，きめ細かな指導を実現している。

3．個々の児童生徒のニーズに配慮した計画を立てている。
　　　理解の速い子や遅い子のためのプログラムをもつようにしている。
　　　漢字や計算ドリルを行うためのワークシートを利用している。
　　　個人差に合わせた目標の段階わけをしている。
　　　深化や補充の個別指導の時間を設けている。
　　　個別学習機器を設けている。
　　　漢字や計算のドリルを行うための時間を設けている。
　　　習得したことの応用・適用の場の設定をしている。
　　　子ども一人ひとりの学びを促すオープンエンドな計画をもつようにしている。
　　　時間枠を教師が変更をしている。
　　　ひとり学び，自由研究の時間をしている。
　　　教育機器や施設・設備の使用時間割り当てをしている。
　　　自由に調べることのできる時間を設けている。
　　　週時間割の修正の方法を設けている。
　　　自由裁量時間以外に独自な学習活動の時間帯を設けている。
　　　ノーチャイム制をしている。
　　　低学年等単位時間の区別をしている。
　　　モジュール・システムをしている。
－生徒の個性や能力，将来の進路に応じた選択学習の幅を拡大させている。
－発展的な学習で，一人ひとりの個性等に応じて子どもの力をより伸ばす教師用参考資料を作成し配布している。
－発展的な学習で用いる教材の開発・作成を進めている。
－学習空間を，校内LANや情報対応仕様を備え移動間仕切りによる自由な空間構成が可能な新世代のものとし，学校環境の整備を促進している。
－博物館，美術館をはじめ地域のさまざまな施設等における学習活動，体験的な学習機会の充実を図っている。

- 児童生徒の理解の状況から学習指導の柔軟な時間割を組んでいる。
- 読書の習慣を身に付けるよう，朝の読書など始業前学習，図書資料の整備を図っている。
- 放課後の時間を活用して，補充的な学習や主体的な学習を支援している。

○パソコンは算数などで個別学習に利用する他に，定期的な共同学習を行う活動体制が整っている。情報の受信・発信・交流においてメディアの多目的利用がされている。

○図書室や特別教室の利用の他に，オープンスペースやワークスペースなど工夫された空間で構成されている。

(2) 評定と評価

1. **目標と学習事項（問題）にあったアセスメントを行っている。**
   個人のカルテ・プロフィールを評価をしている。
   子どもと教師の合評をしている。

2. **多様なアセスメントを使用している。**
   子どもの興味・関心や意欲のような情意面を評価するようにしている。
   学習のプロセスにおける態度・関心など情意面の評価をしている。
   子ども同士の相互評価と自己評価の併用をしている。
   自己評価表を使っての学習の自己点検をしている。
   カルテ，座席表などを使用している。

3. **教師は明示的で具体的なフィードバックを与えている。**
   自己評価を行うための基準や観点を子どもたちが設定している。

4. **アセスメントは定期的に行われている。**
   外部機関や他の学校から編集された記録や評価を利用するようにしている。
   個に応じた指導に利用するため標準化された検査の利用をしている。
   長期に渡って子どもの成長を評価する方略をもつようにしている。

子どもの実態を把えるための手作りのアンケートをしている。

子どもの成長についての多面的なデータ問い合わせ検索システムをしている。
- 一定の冊数の読書，英検，数研，漢研，TOEFL，運動会や作品展示会において具体的なわかりやすい目標をたて，取り組ませ，その結果を適切に評価するなどしている。

第5節 教　師

(1) 教師の知識（教科，教育方法，指導上必要なコンテンツの知識）
1. 教育学的知識を有することの証左はある。
2. 教科内容の知識を有することの証左はある。
3. 教師は新しい知識を実践に生かしている。

(2) 教師の専門職性と振り返り
1. 教師は，専門知識の応用や変革に興味をもっている。
   同じ考えを分かつ他の学校とよい関係をもつようにしている。
   教師用の学習指導の手引き書作成をしている。
2. 教師は，生涯を通じ学習しようとしている。
   研究主題のカリキュラムへの具体化をしている。
3. 教師は，同僚と協力関係を築いている。
   学校経営への参加において役割を果たすという意識をもつようにしている。
   学校の方針の保護者への理解に特別な方策を実施している。
4. 教師は，自己評価をし内省を行っている。
   保護者に調べ学習等について積極的協力依頼をしている。
   校外の専門家やボランティアの人とチームを組んで授業の実施をして

いる。
　　現職教育の組織やワークショップをもつようにしている。
　　学校としての共通の授業設計の手順がある。
　　部会での共同開発をしている。
　　授業に関する記録や評価結果などの集積利用をしている。
　　授業評価の視点として学校で共通なものがある。
　　授業記録の方法に学校で共通なものがある。
　　カリキュラム評価の観点や手法が明確である。
　　授業案の様式を教科で区別をしている。
　　近隣の学校と協力するようにしている。
　　地教委や地域の学校による協力・資料作成をしている。
　　ティームティーチングなど校内外で他の教師と協力するようにしている。
　　教師間で子どもの学習状況に関する情報交換をしている。
　　生活指導上の個々の子どもについての学年間伝達をしている。
　　授業案を共同で開発する体制をしている。
　　ティーム・ティーチングが組める体制をしている。
　　授業を複数の教師で評価する体制をしている。
－学校段階を超えて，教員の得意分野を生かした教科担任制の導入を推進している。
－社会人のもつ豊富な経験を積極的に学校において活用している。
○教授組織は，教科の専門，学年担任，学級担任を超えてのTT，教育体制の柔軟化，外部の専門家からの指導を定期的に受けている。
○研究の経緯や体制は数度の研究指定，研究公開，さらには研究出版物の市販をしている。

注）関連項目
　　斜体は，水越（1982, 85），○の項目は，寺嶋・水越（2000），－の項目は，学びのすすめ（2002）からみた追加項目（学びの機会を充実し，学ぶ習慣を身につ

第4章　授業評価と学校の活性化につながる学校研究　107

けさせている／学ぶことの楽しさを体験させ，学習意欲を高めている）太字は，当時からのカリキュラム評価にはなく，今回新規に教員評価として今後肉付けしていくべき指標

以上をまとめると，次の5角形になるのではないだろうか。著者が，カリキュラム評価の道具を創造するべく，80年代の初めより一貫して思考を積み重ねてきたように思う。授業「観」の練り上げを行う日本の学校の特徴を，具体的なチェックリストから浮き彫りにしている。

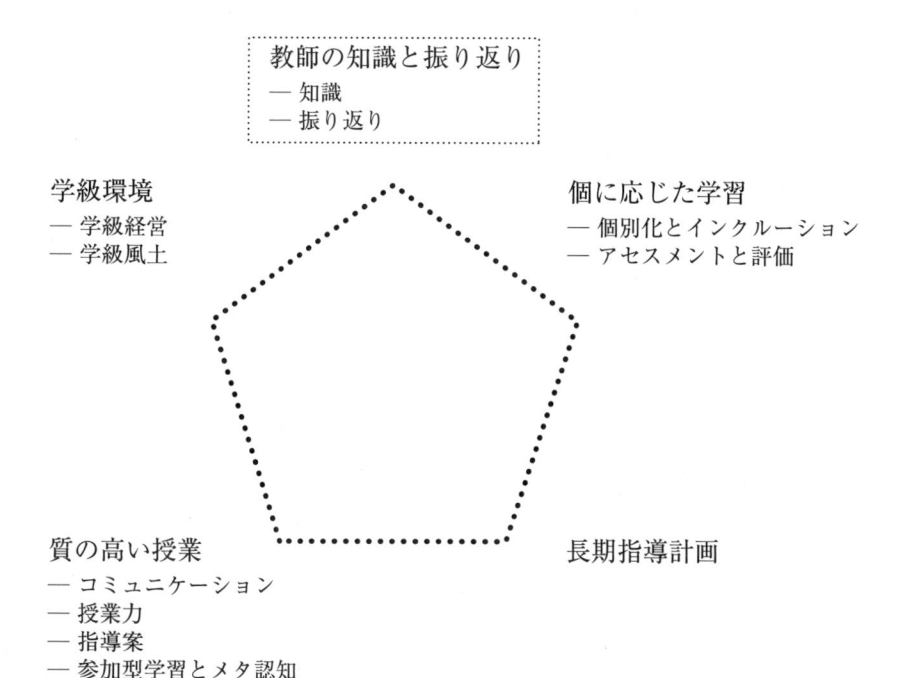

教師の知識と振り返り
― 知識
― 振り返り

学級環境
― 学級経営
― 学級風土

個に応じた学習
― 個別化とインクルーション
― アセスメントと評価

質の高い授業
― コミュニケーション
― 授業力
― 指導案
― 参加型学習とメタ認知

長期指導計画

パネルメンバーのひとり（池田）によると，
1　授業力（1－1　授業を成立させる力（⇔授業崩壊，学級崩壊）；1－2　「職人」的能力；1－3　企画力・構成力；1－4　専門コーチ的能力・学習の原理の理想を追求する力），

2 学級風土と環境（2-1 学級集団づくりの力，プロデュース・マネージメントの能力；2-2 学習集団づくりの力，ソーシャルスキル），

3 長期指導計画，

4 特別支援教育（4-1 ケースワーカー的能力），評定と評価（4-2 子どもを見取る力，鑑識眼と解説する力），

5 教師の知識と振り返り（基本的能力）とした上で，

○教師であるため，教師として生きるための基本的能力（1-1, 4-2, 5-2）。

○「教える人」としての教師に必要とされる能力（1-2～3）。

○子どもが快適に学習するための集団や場を整理し，維持する能力（日本では，その必要性の認識が強い）（2-1～2）。

○本来はもっと重視されるべきだが，公務員としての教師は「下請け」的性格が意識されているため，思いの他，重視されていない（3, 5-1）。

○重要であるが，日本の公立小中学校（通常級）では，現在は二次的に要求されている能力であるという印象をもつという（1-4, 4-1）。

そこで，著者は，少なくとも，第1段から第5段まで意識しておくことを提案したい。

第1段 教師であるため，教師として生きるための基本的能力

 1-1 指導の明確化と教室のコミュニケーションの明確化（教科の指導力）

 4-2 評定と評価（児童生徒への理解）

 5-2 教師の専門職性と振り返り（使命感・責任感）

第2段 「教える人」としての教師に必要とされる能力

 1-2 指導上の技能（技，熟練，うまさ）（教科の指導力）

 1-3 学習指導案（教科の指導力）

第3段 子どもが快適に学習するための集団や場を整理し，維持する能力

    2－1　学級経営（社会性・対人能力）
    2－2　学級風土と環境（社会性・対人能力）
第4段　本来はもっと重視されるべきだが，これから重視されていく能力
    3－1　長期指導計画（教育観）
    5－1　教師の知識（教科，教育方法，指導上必要なコンテンツの知識）
　　　　（使命感・責任感）
第5段　重要であるが，日本の公立小中学校（通常級）では，現在は二次的に要求されている能力
    1－4　参加型学習の推進とメタ認知能力の発達（教科の指導力）
    4－1　個別化とインクルージョン（児童生徒への理解）

付　　録

　付録1では，海外用語，特に，キーワードとして1．モデリング，2．参加型学習におけるメタ認知，3．ソクラテス式問答法と本質的問いについて，詳細に読み物資料として解説を加える。

　付録2では，構成要素5つのまとまりを国内から吟味し直す。

　付録3では，日本の現状では，教員本人へのフィードバックと学校の活性化，すなわち教員の質の向上による学校の質の向上に資する点では課題が残る点を述べるために，人事考課と教員評価の国内での項目を示している。そのサンプルとして，東京都では，学習指導に加えて，生徒指導・進路指導，学校運営，特別活動という4つの項目をあげ，達成の具体的手立て，成果と課題を自己申告に基づいて進めるというものである。

付録1　海外用語解説読み物資料編
　　　──授業の質を高めるキーワード──

1　モデリング

〈http://wik.ed.uiuc.edu/index.php/Modeling〉

(1)　定　義

　米国の学校のワークルームに次のような引用が貼ってあるという（Children have never been good at listening to their elders, but they never fail to imitate.）。特に，移民教育（ESL）の授業では，先生がストラテジー，活動，評価，すべてにおいて見本を見せることが大切だという。言葉だけではむずかしいので一緒にやってみろ，という趣旨で，毎日の教室の中でもやり方を示す，出来上がりを示す，など重視されている。教師は優れたスポーツコーチのようなフィードバックをすることが大切である，と力説されている。メタ認知の考え方とも関わって，「ものまね」を「観察教育」と名前を変え，教師は「考えること」（thinking aloud）や，間違いを直すこと（self-correction or editing in writing），「自己評価」（self-assessment）の見本を見せることが奨励されている。また，背後に，米国ならではの背景もある。1．州統一テストの影響（模範解答とはどういうものか教える，そこに行き着く過程をモデルとして示すことが重視されている）。2．移民教育（いろんな文化・言語背景をもった生徒を教えるには見本を見せることが手っ取り早い（効果的？）とされている）。

　カマー（2004）にとってモデリングは，「個人が他人を観察し模倣することによってその反応を学習するときのプロセス」である。彼はそれを「人が他人を観察し，次にそれを模倣するときの学習のプロセス」とも呼んでいる。

　ウルフガング（2001）のモデリングの定義は，「人が学生に模倣してもらい

たい行動を見せること」である。

オーモット（2004）によると，モデリングは，「別名社会学習」である。

マイヤー（2002）によると，モデリングは，授業中に教師が彼らの認知過程を解説するとき，起こるという。

モデリングは，以下を含む（メリーランドの学校改善－CRISSプログラム，1993）。

1．戦略の実演と説明
2．類似と例の使用
3．考える－思慮のある市民づくりと学習で使われている認知過程をモデル化する方法
4．学生による実験－学生たちがフィードバックによって互いをモデル化する

(2) タイプ

クライン（2005）によると，バンデューラはモデリングは子どもによる別の子どもの正確な模倣という考えだといっている。これはしかしモデリングのもうひとつの形で，抽象的なモデリングと呼ばれている。抽象的なモデリングにおいて，子どもたちはルールを取り入れ，そのルールを使ってまったく新しい行動を形づくる。たとえば，初めて犬を見た子どもは，四つ足の茶色い動物すべてを犬と呼び始めるかもしれない。リサーチは，抽象的なモデリングのこの形が実際に起こることを証明した。1974年に研究者グループは，子どもたちが研究者の使った一般的な構成の文章をモデル化し，これらの新しいルールを使って，同じ構成の新しい文章を作り出すことを実証した（クライン，2005）。

モデリングは，他人が恐れているものを観察し，模倣することによって恐怖反応を学習する方法でもありうる（カマー，2004）。たとえば，父親が虫とクモを恐れていると，その幼い息子も同じ恐れをもつかもしれない。人びとは恐ろしい刺激を避ける傾向があるので，それが彼らを傷つけないということを決し

て学習せず，不合理な恐れと恐怖症（たとえば，流水への恐怖）を簡単に乗り越えられない。

セラピストが恐怖の対象物に対峙し，患者がそれを見ている「代理的条件付け」と呼ばれているモデル治療の形もある。この方法で，患者は自分が恐れている物または状況が無害であるということを代理的に学習し，多くのセッションの後には，その物または状況に近づくことができるようになる場合もある。

モデル治療のもうひとつのバージョンは，患者がセラピストとともに恐怖対象物に対峙することを奨励する「参加者モデリング」と呼ばれるものである。徐々に恐れ状況への露出を増やしていくことで，患者は不合理な恐れを消し恐怖症がなくなっていく。

個人参加方式モデリングは，新しい技術をモデル化し，アプリケーションを学習するために，熟練者と初心者に用いられる見習い制度のアイデアを使った一種のモデリングである。

(3) アプリケーション

新しい状況下で，どのようにふるまうべきか見当もつかないとき，われわれはほとんどモデリングから学習している（アームト，2004）。これに加えてわれわれは，自分と類似している人びと（たとえば性，年齢，その他で）と，成功している，あるいはわれわれの目から見て地位の高い人びととをモデル化する傾向が大いにある。

モデリングがうまく起こるためには，まずわれわれはモデルの行動に注意を払わなければならない。そして，それを覚えていて再現することができなければならない。

言葉の指示だけでは不十分なとき，教師は望ましいふるまいまたは行動のモデルになるか，デモンストレーションを行うこともできる。模倣行動の重要な強化を含む多くの学生の強化の歴史から，大部分の学生はモデルの行動を簡単に模倣することができ，般化した模倣反応を示す（アルベルトとトラウトマン，

2003)。模倣のポジティブな強化は親 - 幼児の相互作用で見られ，それは就学前の年まで続くが，子どもたちが不適当な行動を模倣する可能性もある。

多くの理論家が反社会的行動がモデリングを通して学習される可能性を示唆したという点でも，モデリングは重要である（カマー，2004）。たとえば，反社会的人格障害者を両親にもつ子どもたちは，障害のない両親の子どもたちより多くこの障害をもつ傾向がある。行動主義者は，両親が意図せずに反社会的行動を強化することによって子どもたちにこの障害を教えていると考えている。しかし，この理論は反社会的行動が遺伝的に伝えられ，子どもたちはその影響を受けているかもしれないという事実を含む，性質面の問題を無視している。

モデリング番組と映画の話題になったとき，モデリングも問題として浮上してくる。たとえば，田園地方を旅した2人の殺人者の物語，1994年に公開された映画「ナチュラル・ボーン・キラー」である。映画は，「これまでに製作された他のどの映画よりも模倣殺人を扇動した」（カマー，2004）。なぜなら，模倣者は，映画を彼らのインスピレーションとして引用した。基本的に，彼らは俳優をモデル化していたのである。

おそらく，モデリングでもっとも悲しい例は，自殺である。有名人による自殺，広く報道された自殺，友人や家族または同僚の自殺は，特定の引き金となる（カマー，2004）。1963年に，マリリン・モンローが自殺したとき，アメリカの自殺率は12％上がった。もうひとつの興味深い事実は，人気のソープオペラやテレビ番組の自殺描写が自殺率に影響を及ぼすということである（マイヤーズ，2002）。

モデリングを軽んじてはいけない。そして国のメディアは，どんなことがいわれ，示されているかについて注意を払う責任がある。たとえば，MTVがカート・コバーンの自殺を報道したとき，彼らは人びとが自殺してはならないというメッセージを描写するように非常に注意した。そして，自殺防止センターの電話番号を掲示し，カウンセリングサービスを提供して，人びとに直接アドバイスを与えた（カマー，2004）。これらの努力によって，自殺率は上昇せ

ず安定したままだった。メディアに加えて，特に教育者には，どんな問題をかかえた犠牲者でも，彼らが自分自身を傷つける前に見つけて助ける義務がある。自殺のもうひとつの引き金は，自殺後に広まる口伝えによる情報の伝達かもしれない。たとえば，海軍訓練所で，ひとりの新兵が自殺した後，複数の自殺と自殺未遂が続いた。この流行を止めるために，学校は自殺教育プログラムとセラピー（治療セッション）を始めた（カマー，2004）。

モデリングは，怒り管理（アンガーマネージメント）においても非常に重要である。学生はストレスと争いに対する教師の反応を観察し，同様の状況下におかれたときに彼ら自身の反応のモデルとしてそれを利用する（ビークマンとホームズ，1993）。

モデリングは，教師と学生間のコミュニケーション戦略として使うことができる。

(4) 効果の証拠

効果の証拠を見るために，研究レポートや文書化された実例を探す必要はない。モデリングの証拠を見るには，食器を使って食べたり，色を塗ったり，おもちゃを拾うことを学習する幼児を見ているだけでいいのである。また，困った状況に陥るのを避けるために宿題をする兄を見て，弟がなぜ同じ試みをするかについて理解することもできる。

【モデリングの重要性を示唆する事例】
●学生の興味関心を喚起する

私は教室でもモデルを使うことを好むし，私自身良いモデルであろうとしている。モデリングが効果的だとわかったのは，少なくとも学生には尊敬されているコミュニティのメンバーをクラスに連れて行ったときだ。あるとき，アフガニスタンから帰って来た退役軍人が，アフガニスタンの状況と地域内の全ての洞穴を捜索することがいかに困難だったかについて語った。学生たちは，畏

怖の念にうたれ，この重要な話題に興味を持った。

—ラルフ・アレキサンダー

● 反面教師のモデリングは効果がない

　私は，かつて同期の教師と一緒に教えていた。私の意見では，彼は最高の先生とは言えなかった。彼には，「自分がすることではなく言うことに従え」という哲学があった。彼は生徒には椅子に座るよう要求するが，自分はテーブルに座ることができた。生徒がガムを噛むことは許さなかったが，彼は噛むことができた。この種のモデリングは学生にとって好ましくない。大人は，学生が間違っているということを証明しようとするのではなく，手本を示すか，またはただ簡単に，「私は大人です。そして，あなたが大人になったら，あなたもこれらのことができます。」と言うべきである。

　モデリングは，両親と子どもたちと同様に教師と学生間の良いコミュニケーション戦略として使うことができる。子どもたちはあなたが彼らにしろと言うことよりもあなたがどう行動するかからより多くを学習する。中国のことわざに，「あなた自身が手本となって教えるほうが，あなたが言葉で指示を出して教えるよりも良い。」と言うのがある。このことわざは，効果的な戦略としてのモデリングのパワーを伝えている。　　　　　　—2004年，ティン

● 教師教育でのモデリング

　モデリングは，教師が教師志望学生に教えるコースでとても重要な技術である。私は，私の学生が私の行動から学習しているということを知っているので，自分がインストラクターとして行うすべてのことに非常に慎重である。彼らが教科書に書かれたテクニックについて読むだけでなく，実践されるところを見ることができるように，授業中，わたしは最高の実習をモデル化しようと努力している。私はまたテクニックをモデル化するために，指示を分化し，クラスの生徒たちに異なった困難な課題を与えている。　—2005年，ベニッシュⅠ

● 初等教育でのモデリング

　初等教員として，モデリングは必要なものである。私は私の生徒たちに何をして欲しいか話すだけではなく，彼らに示して見せる。たとえば，音読するために生徒たちをカーペットに座らせるとする。初めて音読用カーペットのところにやって来たとき，わたしはただ"足を組んで座りなさい"と言うだけではなく，彼らにどのように座ってもらいたいかを見せるのである。これで，私が何をして欲しいかが非常にはっきりする。　　　　　　　　　── E. エルリック

【音楽教師の場合】

　自分の教師経験から，私はモデリングが教室セッティングにおいて正と負の両方でありえるということを発見した。ネガティブな点として，私どもは教育者としてその言動すべてにおいて非常な慎重さを要求される。私どもがそれを意識しているかどうかに関係なく，我々の学生は私どものあらゆる行動を見ているのだ。私どもが一つのことをするように彼らに言い，それから，私ども自身がその提案に従わないならば，学生は我々が言うことよりむしろ我々がすることにより従う傾向がある。ポジティブな面として，特に私自身の分野である音楽では，私はモデリングを使うことが学生を教える非常に効果的方法であるとわかった。合唱団ディレクターとして，私は学生に私が彼らに出して欲しかった音を簡単に示すことができた。バンドディレクターとしては，私は概念を学生にデモンストレートするために私のトランペットやピアノを使うことができた。これは，多くの場合，言葉で教えようとするよりも非常に効果的に概念（特に音の色のような難しい概念）を教える方法だった。

　　　　　　　　　　　　　　　　　　　　　──エリザベス・ギーガー

　モデリングは，音楽教育に絶対必要なものである。我々は，毎日正しい行動と手順を学生のためにモデル化する。はっきり覚えているが，私が小学生のバンドを教えていた時，最初の数週間は完全に楽器の扱い方，音の出し方，座り

方などをモデリングすることに費やされた。ほとんどの場合，音楽では作業を言葉で説明するよりもデモンストレートするほうが簡単である。

　　　　　　　　　　　　　　　　　　　　　　　　—S.ラックスバッチャー

　音楽教師として，私は毎日モデル化している。生徒たちが聞いて，私が彼らの演奏やパフォーマンに何を望んでいるかがわかるように，私は生徒たちのために歌い，楽器の演奏をする。実生活においても，人々は自分より若い人たちの前では同様のアプローチをする必要がある。子供たちは特定の状況下で，大人たちがどのように行動し，反応するか見ている。もし親が不適切なことしたら，その子どもも同じようなことをするだろう。我々は，この教育法を意識してそれを効果的に使う必要がある。　　　　　—エレミヤ・クランパー

　もう一人の音楽教育者として，私は良い音，正しい姿勢，息継ぎのテクニックその他のモデリングが効果的であることを自分の生徒たちに立証する。より大切な点は，私は音楽教育の重要性に対する私の信念を反映するために，モデリングを使っていることである。私の前任者のバンドディレクターは，バンドを娯楽のひとつの形であり，他の学校と競争する手段であり，その競争に勝ったときに優越感を感じるものとして扱っていた。これは，予算が苦しくなった時教育委員会が音楽を切り捨てるのを手助けするようなものである。私の態度と生徒たちへの期待を通して，私は音楽そのものの価値ゆえの音楽教育の重要性をモデル化している。意見を曲げないでいるのは困難なことだった。しかし私の態度と粘り強さによって，私の生徒たちが私を見習ってくれるようになることを望んでいる。私が前ディレクターから引き継いだ時，すでにある種の期待で汚染されていた生徒たちを変えるのは容易なことではないが，プロセスはいつか逆にされなければならない！　　　　　—ミスティ・レグツキー

【数学教師の場合】

　わたしの数学のクラスでは，モデリング行動からモデリング方程式，グラフィック計算機や代数タイル，ユニットキューブ，多面体を使ってのモデリング解答までモデリングを使っている。幾何学クラスではユニットキューブを使って体積，表面積と3次元をモデル化して勉強する。それから多面体形を作り，その表面積を計算する。
　　　　　　　　　　　　　　　　　　　　　　　　　　　──E.モリソン

　私は，常に私の学生たちのモデルになろうとしている。数学を教える際には，モデリングは毎日の活動である。時には一人の学生をモデルに使い，クラスの残りの生徒ために問題の解き方を教えることもある。親としても，モデリングを毎日使っている。3才児に向かって，彼女のおもちゃを拾うように言っても無駄である。彼女におもちゃの片づけ方を学習させるには，私が彼女におもちゃを片づける適切な方法を見せなければならない。
　　　　　　　　　　　　　　　　　　　　　　　　　　──ニコール・ジェサップ

　これは，全てのモデリングが我々が期待する反応を得るというわけではない例である。子供たちは，十分な経験が不足しているため，または，誰かが故意か誤って彼らに教えたため，誤解することがある（クロケット，2004）。我々が子供たちに教える場合，彼らが正しい解答をすれば我々は彼らがそれを学んだと想定する。クロケットのリサーチが示すように，これは必ずしも本当ではない。水の中にものを沈めて，正しい公式を教え込もうと密度の概念をデモンストレートした先生の例がある。全ての学生は適切な条件を使って，正しい数学的処理をしたが，理解はしていなかった。それどころか，水の中にものを沈める例を使ったため，彼らは水がないときは「密度」の概念を他の物体に応用することができず，密度の意味やサイズ・形・材質との関係を正しく理解できなかった。
　　　　　　　　　　　　　　　　　　　　　　　　　　──テレサ・ヒブラー

2 参加型学習におけるメタ認知的知識とは

＜http://wik.ed.uiuc.edu/index.php/Metacognitive_knowledge＞

メタ認知的知識は，メイヤー（Mayer）のテキストに「自分の認知過程についての知識および意識」（Mayer）として定義されている。メタ認知的知識の基礎的な3つの要素（http://www.ncrel.org/sdrs/areas/issues/students/learning/lr1metn.htm）は，

1．計画の展開
2．計画の実行，維持
3．計画の評価　である。

メタ認知的知識は，用語「メタメモリ」から置き換えられたもので，1970年代の初め，フラーベル（Flavell）までその起源をさかのぼる。フラーベルは1979年にメタ認知的知識を「認識の現象に関する，知識および認識」として定義した。さらに「認識についての知識，および認識の規則」（Brown, 1978）と定義された。

メタ認知とは，「考えること」について考えること，「知っていること，知らないこと」について確認することをいう。メタ認知は，自身の学習や到達プロセスを認識したり，既習項目の相違点や類似点を確認したり，問題の解決プロセスを理解するときに使われるものであり，メタ認知スキルを伸ばすことは，学習に役に立つ。また，メタ認知は学習面ばかりではなく，新しい状況にうまく対応していく能力をつけるのに有効であり，生活面においても必要不可欠だと考えられている。例えば，新入社員は通常，上司や先輩から1，2度の手続き上の修正を受けるものである。メタ認知が弱い新入社員は，いつまでも外部の修正を受けつづけることになるが，メタ認知の発達した新入社員であれば，1度修正を受けたあとは誤りを独自につかみ，一人で修正することができるようになる。このように，意識的・自律的に学ぶことを促し，全人的な発達に寄

与するメタ認知ストラテジーは，学校教育で教えられることが期待されている。

<メタ認知スキル>
- 自身の学習や到達プロセスを認識させる
- 自身の学習とその適用をコントロールする
- 相違点や類似点を理解するために，物事はどのようにして行われているのか（作られているのか），またそれらの物事をどのように処理するかを理解する

＊自分がどの段階にいるのか、目標をどのように見失ってしまったかを認識することがうまくできればできるほど，困難がどこで生じ，その裏には何が隠されているかがわかる。

＊学校の中で考えると，作文を書くことから，討論に参加すること，子ども同士や教師同士，管理職同士で付き合うことにまで影響を与える能力。

＊生徒が新しい状況にうまく対応していく能力をつけていくために，必要不可欠なストラテジー。

■メタ認知を強化する方法

メタ認知を強化する方法には，以下のものがある。

1．**知っていることと知らないことを分ける** 既有知識を意識的に整理することが必要である。教師は生徒に，自分がしていることを書かせたり，学習が進んだあとで，生徒により正確で明確な情報に取り替えさせていくことが有効である。

2．**考えたことについて話すこと** 学習者は思考に関する語彙が必要であるため，考えていることを言葉に出すことが重要である。そのために教師は生徒の前で，自らの思考を発話してみるのがよい。そうすることで生徒は，教師がデモンストレーションした思考プロセスを真似ることができるからである。生徒を小グループに分けて，順番に教師の役割をさせて，質問をし合ったり，既習教材の内容を明確にしたり，要約させる方法もよい。

3．**考えたことについての記録をつける** ジャーナルや学習記録に，あいま

いなこと，矛盾していることを記したり，困難にどのように対処したかについてコメントを書く習慣をつけることによって，内省に意識的になる。

4．計画と自己規制　学習が誰かに計画され，モニタリングされているときは，自分で学習の方向性を決めるのはとても困難なものであるため，生徒自身に学習を計画・規制させるようにする。

5．自己評価　面接時の個別相談などで，学習への自己評価を指導することができる。学習活動は，異なる教科でも似通っていると気づくと，学習ストラテジーを他教科での新しい状況に適応させることがやさしくなる。

■メタ認知的な環境を作る

メタ認知的な環境は思考への気づきを可能にするものであり，教師や図書館などのメディアに関するスペシャリスト，生徒たちの手で計画される。教師は自分の思考に意識的になっている生徒を助けるために，故意にメタ認知的行為をモデリングしながら，生徒に模範的なメタ認知的な振る舞いや知識を提供する。

問題解決や調べ学習などはメタ認知的ストラテジーを発達させる機会を提供するものである。教師は生徒の注意を，課題がどのように達成されるかに向けさせておく必要がある。内容的なゴールに加え，プロセスのゴールも重要視され，生徒に評価されるようにしておく。そうすることで生徒は，思考プロセスと学習の発展を関連づけて考えることができる。

■メタ認知に関する研究

メタ認知に関する研究はさまざまなものがなされている。高い達成度を示す生徒と，達成の低い生徒の差にメタ認知的知識の差を位置づけた研究（ワン，1992）など，メタ認知と学習の達成の関連を示そうとした研究は多い。

異なる時間制約のもと，複雑な経済学のエッセイと，単純な地理学エッセイを読むときの理解を比較した研究（ヴィーマン，2004）では，難しい問題が与えられたときメタ認知がもっとも強く働くことを示した。この研究では，知的

な人びとが高いメタ認知的知識を持つことも示されたが，メタ認知的知識に有利な学習者でも，高い知能のわりに得点しなかったという結果も表れた。知能とメタ認知的知識の間には強い相関性があるものの，決定的なものではない。また，数学のグラフ解釈の授業で，グラフに関する質問（X軸，Y軸の意味するものは何か，グラフの傾きは何か，など）を生徒に言わせることによって意識させた研究（クラマスキ，2004）では，メタ認知的知識のトレーニングをした生徒の達成の結果ははるかに高かったという結果が出ている。

3　ソクラテス式問答法／本質的問い

<http://en.wikipedia.org/wiki/Socratic-method>

教員のカリキュラムづくりの力量として，「単元づくりに必要な問いの具体化」が求められる。その上で，スタンダード（めやす）づくりが，小・中学校，高等学校と通して行われ，アセスメントの妥当性や信頼性の検証が行われてくるだろう。それを大きくカバーするものとして，質保証が取り上げられなければならない。

以下に，資料1として，米国での，ASCD年次大会でのヤコブ（Jacobs, 1997）の資料をもとに「問いを中心にした単元」を掲載する。

資料2として，かつては，閉じた発問とか，開いた発問として2分しかしていなかったが，その「開いた問い」をさらに精緻に分類したものが求められていることを述べる。これは，豪州や米国を中心に，教育工学の立場から，ミッケンジー（McKenzie, 2000）を参考にすると，次のように，仮説的な問い，明確な問い，計画のための問い，組織化するための問い，徹底的な問い，取捨選択のための問い，確認のための問い，戦略的問い，入念な問い，答えのない問い，創意に富んだ問い，挑戦的な問い，見当違いな問い，派生的な問い，不適切な問い，その他，意味を探求するために有用なタイプの問いなどがある。

資料 1

雪
- 雪とは何ですか？
- 雪は人にどのような影響を与えますか？
- 雪は自分に（あなたに）どのような影響を与えますか？

（1学年—3週間総合学習単元）

友　達
- よい友情を形成するためにはどのようなことが必要だと思いますか？
- 友達はどのように問題を解決しますか？

（2学年—友達に関する教養単元）

イソップ物語
- 民話の意味は何ですか？
- 民話と寓話の違いは何ですか？
- 寓話を理解することで，私たちの生活についてどのようなことが学べますか？

（2学年—寓話に関する単元）

お金
- 個人の貨幣に対する価値はどのようなものでしょうか？
- ひとつの品物を購入する際，何ドル必要でしょうか？

（2学年—算数単元）

分　数
- 全体の部分は何ですか？
- 私たちはどのように何が全体であると判断しますか？

（2学年―分数の導入に関する数学単元）

秋
- 秋には自然がどのように変化しますか？
- 人びとは秋という季節にどのように適応しようとしますか？

（2学年―秋に関する理科単元）

天　気
- 天気にはどのような種類がありますか？
- 水の循環とは何ですか？
- 天気を知るために使われている方法は何ですか？

（2学年―天気に関する理科単元）

動　物
- 動物にはどのような種類がありますか？
- 各種類の特性は何ですか？

（2学年―動物に関する理科単元）

コミュニティ
- コミュニティとは何ですか？
- 田舎のコミュニティ，郊外のコミュニティ，そして都会のコミュニティの特徴は何ですか？

（2学年―コミュニティに関する理科単元）

かけ算
- どのようにかけ算を学ぶでしょうか？
- かけ算をどこで使うでしょうか？

（2および3学年〔学年混合クラス〕―3週間集中講座）

バスケットボール
- どのようにしたら，目や手の連携を発達させることができますか？
- バスケットボールではどのようなスキルやテクニックが使われていますか？

（3および4学年―バスケットボールに関する体育教育単元）

空の旅
- どんなものが飛びますか？
- どのように，そしてなぜ実際に物は飛ぶのでしょうか？
- 空の旅は人間にどのような反響を与えますか？
- 将来の空の旅はどのようなものだと思いますか？

（4学年―6週間の総合学習単元）

生き残ること
- 生き残るためにはどのようなスキルが不可欠だと思いますか？
- 物理的な環境はどのように私たちの選択肢を形作っているのでしょうか？

（5学年―サバイバル関する単元）

バスケットボール
- どのようにしたら上手な選手になれるでしょうか？
- 試合中，どのように自分の体をコントロールしますか？

（5および6学年―バスケットボールに関する体育教育単元）

本　質
- 1997年にはどこにいて，何をしているでしょうか？
- あなたは7年生としてどのように存在していますか？

－性格

－家族と

－コミュニティ

－各科目において

（7学年―本質に関する単元：'素晴らしい，感受性の高い自分'）

エイズ：現代の疫病

- エイズとは何ですか？　ほかのウイルスと何が違いますか？
- エイズは人間にどのような影響を与えますか？
- エイズは社会にどのような影響を与えますか？
- エイズ感染の拡大を防ぐために，どのようなことができるでしょうか？

（中学校―ニューヨーク市での2週間の集中講座―幅広い総合学習）

個人学習：青年期の若者として出版する

- 自分（あなた）が選んだ青年作家の背景にある身の上話は何ですか？
- 出版社は投稿された原稿に関してどのような決断をしますか？
- 本を出版するためにどのような計画を立てますか？
- 本を出版することでキャリアを積んでいくためにどのような準備ができますか？

（8学年―学習者中心の選択科目―一学期間）

日本：グローバルな学習

- 日本での個人一人ひとりの役割は何だと思いますか？
- 日本の物理的環境は人びとにどのような影響を及ぼしていますか？
- 日本社会の構造はどのようなものでしょうか？
- なぜ日本なのでしょうか？

（9学年―6週間の英語，社会科，文科系単元）

偏見と寛容
- 人間がもつ偏見にはどのような種類がありますか？
- どのように寛容さは教えられますか？
- 個人や集団による偏見はどのような影響力をもっていますか？
- どうしたらより寛容な人間になれるのでしょうか？

（8学年—3週間の総合学習単元{チーム主体の学習}）

知　能
- 知能とは何でしょうか？
- 知能はどのように進化しますか？
- どのように知能をはかりますか？
- 知能は単に人間だけにある現象なのでしょうか？
- どのように知能は変化しますか？

（11学年—生物（大学レベルのアドバンスクラス）—4週間の総合学習単元）

日常生活での物理：交通手段の安全性
- どのようにしたら，自動車や船そして飛行機は乗客のために安全でいられるのでしょうか？
- 力や運動の原理を運転手が知っていることが，安全性などにどのように役に立ちますか？
- 安全性と速度は相容れるものでしょうか？

（12学年—物理セミナー6週間周期）

消費者文化
- 消費者文化とは何ですか？
- 私たちの経済システムは消費者文化にどのような貢献をしていますか？
- 消費者文化におけるメッセージは何でしょうか？

- 自分は（あなたは）消費者文化にどのような影響を受けていますか？
（高校―経済単元）

小学校(1)
　1．私たちに何ができるだろうか。
　―絶滅の危機にある動物を救うために，学校は何ができるだろうか。
　2．音は何か。そして音はなぜ大切なのだろうか。
　―こうもりにとって音は人間よりも大切なのだろうか。
　3．予測をするためにはデータをどのように集めたらいいだろうか。
　―時間によってなぜ影は形を変えるのだろうか。
　―昼頃の影はどのような形をしているだろうか。

小学校(2)
　4．自分たちの環境の中で生き残っていくために，生物はどのような仕組み
　　をもっているのだろうか。
　―カエルが生き残るためにもつ特別な能力は何だろうか。
　―カエルは人間と何が違うだろうか。
　5．地盤は上へと上がってきているのだろうか。
　―山はどのように作られていくのか。
　―山は高くなるだろうか。
　―プレートと地殻変動と山の違いは何だろうか。
　6．人間は雑草のように成長していくのだろうか。
　―植物は成長するために水を必要としているか。
　―どのように植物は成長するのだろうか。

中学校
　1．雨林は保存する価値があるだろうか。

―熱帯雨林での生活はどのようなものか。
―雨林では人びとや動物はどのように生活しているのだろうか。
 ２．なぜ水は重要なのだろうか。
―自然に水が湧き出る池を作ることができるだろうか。
―自然に湧き出た池の水質と今ある池の水質を比べるとどうだろうか。
―水泳や釣りそして水を飲むなどの娯楽活動や，水生生物の健康的な環境をサポートできるほど，セウォール池の水質は優れているだろうか。

高　校
 １．地球のもつ電力をどのように活かすことができるだろうか。
―電気とは何か。
―なぜ電気は大切なのか。
―だれが仕事で電気を使うだろうか。

幼稚園から小２
 １．他の動物の似ているところは何だろうか。
 ２．動物はどのように成長していくのだろうか。

小学校中・高学年
 １．自然の力はどのように地球を変えることができるだろうか。
 ２．どうしたら健康でいられるのだろうか。
 ３．科学は人間の生活を豊かにするか。
 ４．自然はどのように相互に関わっているのだろうか。
 ５．世界を定量化し，定義づけるために人間はどのようなシステムを開発したのだろうか。
 ６．生活のために不可欠なものは何だろうか。

小6から中2

1. どのようにしたら，自然の力を最大限に活かすことができるだろうか。
2. どのように地球は変わっていくだろうか。

中3から高2まで

1. 数学は，人間が世界を理解するために，どのような役割を果たしているのだろうか。
2. 数学は実生活とどのように結びついているのだろうか。
3. 健康的な環境に関して，個人や社会に問われている責任は何だろうか。
4. 「成長」とはどんな意味だろうか。

小1

「どの日に行く？」；今週クラスでハイキングに行きますが，インターネットのベリンガム気象予報を用いて今週の天気を調べ，何曜日に行くのがいいか決めなさい。

小4(1)

1. 「野生動物プロジェクト」；今時は2635年で，生き残っている動物はすべてフロリダにある荒廃した動物園にいます。動物たちが上手く暮らしていける国を探しなさい。
2. 「どの断層線？」；あなたはアメリカ土地開発会社に勤める地質学者です。会社はアメリカ各地にコンドミニアムを建設する計画を立てています。しかし困ったことに，どこの場所も断層線にとても近いのです。あなたは新しいコンドミニアムを建設するために，地震などの危険性がもっとも低い場所を探すよう頼まれました。あなたならどの場所を選びますか？ そしてそれはなぜですか？

小4⑵

3．「熱帯雨林展覧会」；あなたは動物園のデザイナーです。熱帯雨林展覧会があなたがデザインを担当する箇所です。熱帯雨林にいる動物について調べ，展覧会のためにもっとも良いと思う動物をひとつ選んでください。熱帯雨林展覧会にもっともふさわしい動物は何だと思いますか。

4．「どの雨林？」；世界にある雨林は驚異的な速さで消滅しています。数年以内にほとんどが完全に消えてしまうでしょう。国連が保護し元の姿に復元するべき雨林を，科学者としてひとつ選びなさい。どの雨林がいいと思いますか？　それはなぜですか？

小4⑶

5．「極地方を救え！」；あなたは極地方の環境問題を研究するために，アメリカの内部長官に雇われています。問題はいくつかありますが，予算はひとつの問題を対処する分しかありません。どのような問題があるかまず調査し，そしてどの問題が優先して解決されるべきか選択しなさい。

6．「どの砂漠？」；あなたは塩水を淡水に変えることができる道具を発明しました。そこで，あなたはその道具を売るために，アメリカから砂漠地帯に引っ越すことに決めました。どの砂漠地域に住みたいか選び，投資家がその発明のためにお金を出してくれるよう，プレゼンテーションをしなさい。

小5⑴

1．「偉大なる惑星に関するディベート」；NASAは木星，冥王星，海王星，または天王星を詳細に観察するために，惑星の周りを3回周回するハッブル宇宙望遠鏡を導入すると発表しました。あなたはこの4つの惑星のうち，どれについて研究したいか決めなさい。

2．「NASAかNOAAか？」；あなたはアメリカ合衆国大統領のアドバイ

ザーです。NASAとNOAAのどちらが資金をもらうべきか，アドバイスをしてください。予算削減のため，ひとつの機関しか資金を得ることができません。NASAとNOAAについて調べ，各プログラムとも最低3つ重要な利点をあげなさい。どちらの機関が資金を得るべきか決める際，① 環境に対する利益，② 人間に対する利益，③ 科学的利益，を考えて選びなさい（注：NASA 米国航空宇宙局，NOAA：米国海洋大気庁）。

小5(2)

3．「海王星探検」；あなたはNASAの科学者で，太陽系にある惑星に送られる宇宙飛行士チームと一緒に仕事をしています。中でも，あなたは海王星担当になりました。あなたの仕事は飛行士たちがよりよく惑星の探究ができるよう，海王星について知っておく必要のある重要事項を調べることです。NASAは安全が第一だと考えていますので，飛行士が惑星を探究しているときに遭遇するかもしれない危険についても言及する必要があります。そのような情報を1ページにまとめ，海王星についての情報をよく示す写真を最低ひとつは加えてNASAに提出しなさい。

小5 (3)

4．「宇宙の見方の変化」；どの天文学者が人間の宇宙に対する考え方を変えるもっとも重要な発見をしたと思いますか。
　―コペルニクス　　―ガリレオ　　―アインシュタイン　　―ゴッダード

5．「宇宙の家」；あなたは建築家です。惑星に人間が住めるような住居をどのようにデザインしますか？　どんなリソースを使ってもかまいません。

6．「シンプルな機械」；日常生活で用いる簡単な機械の中で，どれがもっとも価値があると思いますか？

7．「他の惑星で地球ゲーム」；あなたは他の惑星の生物たちに地球ゲームを教えるため，NASAに雇われた惑星間レクリエーションコーディネー

ターです。地球ゲームをどのようにして他の惑星の引力に合わせたらいいでしょうか。

資料 2

本質的な質問 (Essential Question)	補助的な質問 (Subsidiary Question)	仮説的な質問 (Hypothetical Question)	明確な質問 (Telling Question)	計画のための質問 (Planning Question)
組織化するための質問 (Organizing Question)	徹底的な質問 (Probing Question)	取捨選択のための質問 (Sorting & Shifting Question)	確認のための質問 (Clarification Question)	戦略的質問 (Strategic Question)
入念な質問 (Elaborating Question)	答えのない質問 (Unanswerable Question)	創意に富んだ質問 (Inventive Question)	挑戦的な質問 (Provocative Question)	見当違いな質問 (Irrelevant Question)
派生的な質問 (Divergent Question)	不適切な質問 (Irreverent Question)	その他、意味を探求するために有用なタイプの質問		

本質的な質問(Essential Question):私たちの生活に密着した質問で,人間に対する理解と洞察を深めることを可能にする。また,他の質問の中心的役割を果たし,単元における学習の焦点を示す。

(質問例)

- ●良い友達になるということはどういうことですか。
- ●友達の輪に誰を入れますか。
- ●友達とどのように接していますか。
- ●友達を失ったとき,どのように対処しますか。
- ●学校で読んだ小説から,友達や友情についてどんなことが学べますか。
- ●どのようにしたらもっと良い友達になれると思いますか。

補助的な質問(Subsidiary Question):不可欠な質問(Essential Question)に対する答えを導くために補助的な役割を果たす小質問。

(質問例)

本質的な質問が「Eメールを生徒に使わせるための最適な方法は何ですか。」の場合：

- 最悪な事態が起こるとしたらそれは何ですか。
- 可能性のある利点は何ですか。
- 克服されなければならない障害は何ですか。
- 十分なリソースがありますか。
- いい例がありますか。
- 学生や両親はどんなことを準備すればいいでしょうか。

明確な質問（Telling Question）：明確に限定された事柄について問う質問。より具体的な質問とそれに対する答えは，主要な問いを明らかにすることを助ける。
（質問例）

- 連邦司法局が報告したニューイングランドにおける凶悪犯罪率は何パーセントですか。

計画のための質問（Planning Question）：課題探求において，どのように情報収集をすればいいかを意識させる質問で，活動を計画的にする役割をもつ。
（質問例）
【情報源】

- どの媒体（インターネット，CD-ROM，電子定期刊行物，学術書など）を使ったら，最大限に効率よく信頼性と関連性のある情報を提供してくれるでしょうか。
- どの検索ツールが発見のプロセスを速めてくれるでしょうか。

【順序（シークエンス）】

- 長い時間をかけて幾つかのタスクを整理するためにはどのような方法が最適でしょうか。どのくらいの時間がありますか。どのタスクが先に行われ

るべきで，どのタスクは後でもいいでしょうか。
【ペース】
- プロジェクトのためにどのくらいの時間を要しますか。
- 各タスクにかかる時間はどれくらいでしょうか
- 急いでやれるタスクがありますか。
- プロジェクトを時間内に終わらせることができますか。

組織化するための質問（Organizing Question）：活動を通じて発見したことをカテゴリー別に分類し，意味を構築することを可能にする質問。
（質問例）

```
ソース：
主題：
キーワード：
要旨：
```

徹底的な質問（Probing Question）：事柄の核心に迫る質問。このタイプの質問では論理性，予備的知識，直感，そして試行と失敗が促される。

取捨選択のための質問（Sorting & Shifting Question）：膨大にある情報の中から選び不必要なものを捨てて，情報を整理するための質問。
（質問例）
- データのどの部分を保存しておく価値がありますか。
- この情報はあなた（自分）の質問に答えてくれますか。
- データベースにどれだけの情報を置いておけばいいでしょうか。
- 情報やアイデアをどのようにしたら最適に要約できるでしょうか。

確認のための質問（Clarification Question）
（質問例）
- 「凶悪犯罪率」はどんな意味ですか。
- その情報には証拠やデータがありますか。

戦略的な質問：問いの答えを発見するプロセスの中で使われる質問で，そのプロセスが効果的に進行することを促す。計画のための質問（Planning Question）と密接に関わっている。
（質問例）
- 次に何をしたらいいでしょうか。
- 次のステップに近づくためにはどのようにしたらいいですか。
- 前に同じことをしたときはどのように行いましたか。何が役に立ち，何が役に立ちませんでしたか。自分以外の人は他にどのようなことを試していましたか。

入念な質問（Elaborating Question）
（質問例）
- もし条件や環境が変わったら，どのような意味になるでしょうか。
- どうしたらもう少し深く考えることができますか。論理的な次のステップは何でしょうか。何が足りないのでしょうか。何が補足されるべきなのでしょうか。
- 行間を読むと，この本当の意味は何でしょうか。

答えのない質問（Unanswerable Question）：究極的に挑戦的な質問で，どこまで理解しているのかを把握するのに役立つ。また，この種類の質問を通して，答えられないことがあるのは当然のことであり，答えられないからといって探求や思考をやめてはいけないことを学生に示すことができる。

（質問例）
- ●運命にどれだけ逆らえますか。
- ●豊かな生活とは何ですか。
- ●友情とは何ですか。

創意に富んだ質問（Inventive Question）：すでに発見されたことをいろいろな観点から工夫を凝らして質問し，答えを得るに至るまでに思考を吟味する上で，新たな観点が見いだすことを促す。

（質問例）
- ●別の観点を見いだすために，今まで集めた情報をどのように再構成しますか。
- ●得た結果を妥当なものにするために，どのようなことが削除あるいは，改訂される必要がありますか。

挑戦的な質問（Provocative Question）：皮肉めいた視点を与える質問で，プロパガンダやデマを露出する役割をもつ。

（質問例）
- ●情報源は何ですか。その情報源は信頼性のあるものですか。
- ●要点は何ですか。要点はありますか。

見当違いな質問（Irrelevant Question）：論理的にみているだけでは理解することのできない真実を，全く的のはずれた視点から問うことで，新たな知識獲得を促す。

E-mail を利用した単元開発活用例

本質的な問い：私たちの生活に密着した質問で，人間に対する理解と洞察を深めることを可能にする。また，他の質問の中心的役割を果たし，単元における学習の焦点を示す。	Eメールを生徒に使わせるための最適な方法は何ですか。
補助的な問い：不可欠な問いに対する答えを導くために補助的な役割を果たす小問。	最悪な事態が起こるとしたらそれは何ですか。 可能性のある利点は何ですか。 克服されなければならない障害は何ですか。 十分なリソースがありますか。 いい例がありますか。 学生や両親はどんなことを準備すればいいでしょうか。
計画のための問い：課題探求において，どのように情報収集をすればいいかを意識させる問いで，活動を計画的にする役割をもつ。	どの媒体（インターネット，CD-ROM，電子定期刊行物，学術書など）を使ったら，最大限に効率よく信頼性と関連性のある情報を提供してくれるでしょうか。 どの検索ツールが発見のプロセスを速めてくれるでしょうか。

付録2　具体事例等新聞記事からの抜粋による解説

1　教師力

　日本では，教師の模擬授業では，批評批判が活発に飛び交うなど，海外には見られない「技（わざ）」を磨く伝統があるといえよう。

　「僕が進めてきたワークショップ型授業では，小グループに分かれてその中で意見をいわないと先に進まない。意見が出ないとそもそも学習として成立しない，という状態を作って全員参加を保障する」という（「研究集団ことのは」代表。言語技術教育の重要性を説く。200字作文を頻繁に課したり，討論を授業に組み込み，繰り返し教え込むことを徹底するなど，生徒の学ぶ意欲を引き出す授業を展開。代表著書に『全員参加を保障する授業技術』（明治図書，1990年）など。中学校国語科教諭）。

　こうして90年代を経て新世紀に入った今，学力低下，学級崩壊，不登校，心の危機。子どもたちが大きく変わる中，自らの"教師力"向上に力を注ぐ地域主体の教員たちの研究グループの取り組みもある。読売新聞では，以下のような連載がなされている。全国に向けて盛んに発信している教師たちもいる。

　実は，日本では，1980年代に，能登地域においても，自主的・自発的な海外に見られない，英語でいえばサークルとでもいえるのか，仲間，輪とでもいえる集団が見られた。企業でいえば，QC（quality circle），品質管理サークルなのである。その後，急成長をとげたものとしては，以下のようなものがあることは周知のとおりである。

＜TOSS＞　Teacher's Organization of Skill Sharing の略。東京都内の小学校教諭だった向山洋一さんが2001年に設立し，会員数約1万人。我流の授業を排し，優れた授業技術を「法則」として定石化する「教育技術法則化運動」が前

付録2　具体事例等新聞記事からの抜粋による解説　143

身で，1984年スタート。

＜授業づくりネットワーク＞　山梨県の小学校教諭だった上條晴夫さんが1986年に発足させた。研究会や雑誌出版を通して，ディベート（討論）や参加型ワークショップ（実技講習）を取り入れた新しい授業を提案。今年から学級崩壊に対応する技術を伝える「授業成立プロジェクト」も始めた。会員約300人。

2　学級経営

河村茂雄氏による講演「学力問題と学級経営」はこうである。

◆ルールと人間関係確立を

　学級経営の問題を語りたい。授業は学級集団で行われる。良い学級集団は子どもたちの学力形成の前提条件となるからだ。

　規律があって，仲の良い学級集団にいるだけで，子どもたちは4つの効果を身につける。まず学習意欲が刺激される。次に子どもたちが和気あいあいとしていることによって，お互いの学習意欲が強化され，維持される。3つ目は頑張っている子どもの姿をまねるモデル効果。4つ目は学習習慣が定着することだ。

　しかし，こうした学級集団の育成が今は難しくなっている。この難しさとはいったい何だろうか。

　1991年，92年ぐらいから，すべての子どもが不登校の可能性があるといわれるようになった。私はこう読み解いた。最近の子どもたちは，対人関係を築く能力が従来の子どもと比べて落ちたんじゃないか。集団生活を送る能力が落ちたんじゃないか，と。

　80年代ぐらいまでは家庭や地域のしつけで，集団生活を送るルールを身につけて学校に来ていた。教師はそれを前提に学級経営ができた。それが変わった。

　今，東京や大阪では，40代，50代で中途退職する教師が増えている。辞めているのは，まじめで熱心なベテラン教師だ。長年培ってきた経験則が通用せず，新しい学級経営のやり方がわからずに苦しんでいる。ここ5，6年，子どもた

ちは随分変わってきた。だから教師も学級経営の方法を変えねばならない。どのやり方が通用して，どれが通用しないか，整理しなければならない。

最近の子どもは放っておくとバラバラ。これからの教師は，子ども同士をつなぎ，集団づくりを支援する指導力が必要だ。1学期のうちにきちっと学級集団を育成しなければならない。

集団をまとめるポイントはルールと人間関係を同時に確立させることだ。色々な方法があるが，私は，4人以内のグループで行動させることから始める方法が効果的だと考えている。

教師が，その役割を通して自ら人間として発達していく力。そんな意味を，私は教師力という言葉に込めている。教師は大変だが，いい仕事だ。学力向上に向けたさまざまな取り組みも，教師が元気でなければ決して成功しないだろう。

■質疑応答
——教師の力が問われる時代。一番必要なのは。

ひとつは，集団を育成する力。これは絶対必要。そして，教師としての意欲を喚起し，維持する力だ。

——教師力と教育力とはどう違うか。

教師力というのは造語なので人によって使い方が違う。指導力と同義で使っている人もいる。私は教師が自己発達していく力だと思う。若いころは馬力でいけるが，40代後半からは教育技術が問われる。教師にとって最後の砦（とりで）は，仕事から自分も学んで，自分も成長できるところ。その意味でもいい仕事だと思う。

（『読売新聞』大阪朝刊2005年11月29日付特集 「学力シンポジウム　教師力を高める」）

3　長期指導計画　単元学習

　府中高の小川満江教諭（56）は「可能性を拓（ひら）く授業―単元の計画と授業の実際」と題して，2学期に取り組んだ授業「『枕草子』―清少納言と宮廷の男性たち」のことを中心に報告した。小川教諭は昨年，広島県教委のエキスパート教員に選ばれた授業の達人の一人だ。

　3年生，26人が授業の対象。1学期は同校の年間指導計画に従って古文と漢文を交互に教えてきた。17年間勤務した県立尾道北高から今春異動したばかり。1学期は生徒の実態把握に努める日々だった，という。

　迎えた2学期。「どこかでまとまった形で古典作品を扱ってみたいと思っていた」と小川教諭。1学期の最後で扱った枕草子について，時間をかけて取り組むことにした。

　「生徒は古典作品の中でもとりわけ会話部分，省略語が多く，前の意味を理解しないと後ろの言葉の意味が分からないという対話部分について，読みにくいと感じているのではないか」

　そんな思いから逆に会話の多い段を取り上げることとした。「やりとりの妙を味わってほしかった」

　古典作品を味わうには時代背景や登場人物の相関関係の理解が不可欠。授業の準備には念を入れ，人間関係や当時の風習などを記した独自の教材を作り，生徒に配った。

　単元は6時間半。授業では音読のほか引用されている故事の説明，登場人物の心情の解説などのグループに分け，全員に何らかの役割を与えて発表させた。

　演劇形式の読解も一部取り入れた。生徒が主体的に授業に取り組むようにとの考えからだ。

　授業の最後には感想も書かせた。生徒は当時の宮廷社会のコミュニケーション手段になっていた和歌や漢詩について，現代の携帯電話やメールと対比し，「話を弾ませる材料」「心を射止める武器」「人間性を豊かにする魔法」と分析。

「コミュニケーションをとる上で大事なことは今も昔も変わらない。相手への思いやり，相手を理解すること，分かり合おうとする気持ち」と書いた生徒も多かった，という。

小川教諭は「枕草子を読むなかで，大事なことをちゃんととらえているなと思った」と振り返る。

「少し枕草子の世界に近づけた」「これから枕草子のほかの部分を読んでみたいと思った」といった意見もあった。

「枕草子ひとつとっても豊かな言葉の世界が広がっていて，まだまだ切り拓いていないものがある。豊かな教材は学習者を意欲的にする」と小川教諭。

「作者の清少納言は人間把握，自然把握に非常に新鮮さや目の鋭さを持っている。一人ひとり，一つひとつのことを見事にとらえている。私たち教師も生徒一人ひとり，出来事の一つひとつを，きちんと見つめていかねばならない」と，報告を締めくくった。

＜広島県エキスパート教員＞

高い専門性に裏付けられた実践的指導力を持ち，優れた教育活動を行っていると，県教委に認証された教員。市町教委などの推薦で県教委の審査会が審議する。現在，小中高校で計20人。校内外の他の教師の指導・助言や，一般のカリキュラムでは学べない専門分野に踏み込んだプログラムの企画などを行い，教師のレベルアップを図る。同様の制度は愛媛，岐阜両県にもある（『読売新聞』大阪朝刊2005年11月29日付特集 「学力シンポジウム 教師力を高める」）。

4　個別化教育とインクルージョン

青森市立造道小では，全国的にも珍しいという「わかり方別学習」で実績を上げている。「わかり方別学習」は，成績でコースを分ける従来の習熟度別学習とは区別される。子どもの学習速度や学習スタイルなど，勉強の内容をわかっていく道筋に応じてコースが設定されている。

皆と議論しながら考えるのが好きな子もいれば，ひとりでコツコツと勉強す

るのが性に合っている子もいる。ヒントがあった方が問題が解きやすい子，ヒントなしで自力で解くことを好む子など，学習の仕方はさまざま。それに応じて，「予習コース・復習コース」「みんなでコース・一人でコース」などに分かれる。

　習熟度別学習だと，できる子はどんどん先に進むが，そうでない子との間で進度に差が生じてしまう。また，進度の遅いコースにいる子どもたちは，「自分はできない子なんだ」とあきらめ，勉強する意欲を失ってしまう恐れもあるという。3月まで校長を務めた佐藤康子前校長は「(わかり方別学習だと) 子どもが自分を卑下したり，有用感を感じられないような思いをしなくていい。『わかった』という喜びを与えたい」と語る。

　コースの選択は，オリエンテーションであらかじめ児童が説明を受け，自分に向いていそうなコースを選ぶことができる。たとえば，4年生の算数では，ノーヒントで一人で考えて問題を解く「一人でまるごとコース」と，皆で意見を出し合いながら，問題を順番に解いていく「みんなで順序よくコース」から選べる。

　こうした授業の仕方は，特に学力の差が付きやすい算数で有効だという。今年2月に同小が1〜6年を対象に行った学力検査では，4教科すべてで全国平均を上回ったが，特に算数では，一般に苦手とされている「(数学的な) 考え方」の観点からの問題の得点が高かった。4年生では全国平均を約20点も上回った。授業を通じて，問題の本質的な理解が得られていることの現れだという (『読売新聞』東京朝刊2005年4月5日付 「＜教育ルネサンス＞学力向上(上) わかり方別学習」)。

　堀　話す子と，話さない子の差が大きくなっている。話さない子もいるが，話せない子の比率が大きい。授業をパーツに分けたり，書かせて発表させるというような授業をしていくことで成立させられる。

◆耳や目から刺激

「ADHD（注意欠陥・多動性障害），LD（学習障害）など，軽度発達障害の子どもはすべての学校にいる。専門医による診断や教員向け研修など，学校挙げての態勢が必要だが，小学校低学年から適切な教育をして対応すれば，立派に自立できる」

向山さんは断言した。

この日は壇上で，TOSS会員の小野隆行教諭（33）（岡山市立宇野小）がADHDの児童を演じ，木村重夫教諭（45）（埼玉県秩父市立荒川東小）が算数の授業をした。

"小野君"は席に座らないが，木村教諭は授業を始めた。

木村教諭「教科書を出して。子どもがたくさんいるでしょう。何人いるかな？　数えるぞ。1，2……」

小野君「（手を挙げて）はい，はい！　いいたい！」

木村教諭「静かな子にしようかな」

甲本卓司教諭（45）（岡山県鏡野町立大野小）が解説を加える。

「座らない子を怒らず，『座った人から発表してもらおう』『静かな人からあてよう』というのは，（障害を）知っていないとできない。他の子にも目を配りながら，障害のある児童をほめてやる」と授業のコツを指摘した。

木村教諭の授業はテンポ良く進んだ。

「先生を見てごらん。何回手をたたくか数えてよ」

（パン，パン）

「何回たたいた？」

「今度は鉛筆を持ってごらん。教科書に描かれている子どもたちを2人組になるように鉛筆で囲んで」

甲本教諭の解説。「音，耳からの刺激が必要な子もいるし，視覚，目からの情報が入りやすい子もいる。音を立てるなどして最初に引きつけ，作業指示を細かく早く出すことで授業に集中できる」

向山さんは「軽度発達障害の児童に適切な対応をしないまま，新しく着任した教諭や新任教諭に任せきりにし，辞職に追い込む例もある。大切な青年教師を辞めさせてはならない」と口調が熱くなった（『読売新聞』東京朝刊2005年10月4日付 「教育ルネサンスフォーラム「教師力」セミナー　求められている授業とは」）。

5　教師の振り返り

　石川　公開授業では，振り返りのシステムが整えられていない。授業で展開された事実とは，関係のない議論が続く。重要なのは，そこで本当に行われた事実の検討。多くの学校では十分に行われていないのではないか。

　堀　官製の研究団体は，後進を育てようという意識が働くので，授業は若手にやらせる。30～40歳代の中堅は，「いいところをほめてあげよう」となる。

　僕らも若いときに，明らかに自己評価としてダメな公開授業だったのに，「ここが良かった」といわれた。それに満足できなかった教師が，研究サークルに流れていくのだと思う。

　――先生に対する評価制度が始まろうとしている

　染谷　僕は教員になりたくてなったが，志なかばで辞めていく人もいる。みな夢と希望を持って教師になるが，それが破れていく現実がある。そういう先生を救えるシステム作りの方を進めてほしい。（中略）

　堀　S，A，B，C，Dとランク分けするのは良くない。教師の価値自体が多様だ。いま議論されている教員評価制度では，馬車馬のように働く教師だけが評価されることになる。

　石川　前向きな気持ちになれる評価がいい。子どもたちにもそういう評価をといっているのだから。だれが評価するという問題もあるが，ランク分けする基準を設け，基準を達成できているか判断するしかない。

　◆石川／外に発信できる力必要　染谷／勉強し授業技量上げる　堀／得意の分野持ち自信を

＜今後の目標＞
　――生徒に何を身に付けさせたいか
　染谷　教師が何を生徒に教えていくかといえば，生き方しかない。教師が子どもとかかわれる時間は限られているが，子どもに自分の人間性を突きつけることで，何か子どもに感じられるものがあればいい。僕は社会の授業よりも学級指導が好き。
　堀　人に迷惑をかけず，自分自身で食べていけるようにする。迷惑かけなければ何やってもいいというわけではないが。
　石川　僕の言葉でいうと，「自分の足で歩いていける力」。外で生きていくために，学校で勉強したり，生活したりしている。学校外の物を中に入れ，学校自体が自己目的化しないようにしたい。
　――今後どういう教師力をつけていきたいか
　染谷　僕自身，なぜ自分の時間を削って勉強するのかというと，教師になって良かったと思えるようになりたいから。仲間と一緒に勉強できることがうれしい。それは生徒にも跳ね返る。教師として高まらないと，子どもに自信を持って語れないし，子どももそのレベルまで上がらない。手応えを得るためには，自分の授業技量を上げていく。セミナーに出かけたり，本を読んだり，身銭を切って学び続けたい。
　石川　学校の外側，内側とつながれる力を身につけたい。内側でいえば，協働して仕事ができる力につながる。そのためには，自分がこんなことをしていると，外に発信できる力も必要。保護者に対しても，自分なりの筋道，自分の物語を語れないといけない。
　また，教師みんなで話し合い，互いに尊重し，相手の不得手を補っていく。信頼関係を築く力が必要だ。
　――教師力を上げるのに，必要なことは何か
　堀　簡単にいうと，自信をもつこと。学級崩壊で悩んでいる多くの先生は，自信を持っていない。

付録2　具体事例等新聞記事からの抜粋による解説　151

しかし，職員室にいる先生はわれわれのような先生だけでなくてよい。僕は授業にある程度自信があるし，生徒とも渡り合える。だけど，性格の弱い子は苦手。これをほかの先生にカバーしてもらっている。そういうことをわかりながら，「自分はこれが得意だ。それを役立てたい」という自信を持った教師の集合体になればいいと思う（『読売新聞』2005年9月28日付　「きょういく，いま必要な教師力とは　中学教師3人が座談会・特集」）。

2005.07.10［教育改革］小中学校編　教師力⑴　答えられない子，いつまでも待つ
2005.07.12［教育改革］小中学校編　教師力⑵　「授業公開」に立候補
2005.07.13［教育改革］小中学校編　教師力⑶　閉鎖的な世界に風穴
2005.07.14［教育改革］小中学校編　教師力⑷　対極との対話，原点に
2005.07.18［教育改革］小中学校編　教師力⑸　「言語技術」指導に欠陥
2005.07.19［教育改革］小中学校編　教師力⑹　4分野，実践家に学ぶ
2005.07.20［教育改革］小中学校編　教師力⑺　グループの著作，15冊超す
2005.07.21［教育改革］小中学校編　教師力⑻　授業の目的，流れを説明
2005.07.22［教育改革］小中学校編　教師力⑼　「雑然」実は「生き生き」
2005.07.25［教育改革］小中学校編　教師力⑽　全員が物おじせず発言
2005.07.26［教育改革］小中学校編　教師力⑾　「200字作文」繰り返し筆力
2005.07.27［教育改革］小中学校編　教師力⑿　絶対評価で問われる授業
2005.07.28［教育改革］小中学校編　教師力⒀　技術は自己分析踏まえ
2005.07.29［教育改革］小中学校編　教師力⒁　まずは教え込もう
2005.08.01［教育改革］小中学校編　教師力⒂　始業2分前の教室入り
2005.08.02［教育改革］小中学校編　教師力⒃　軽快なテンポで質問
2005.08.03［教育改革］小中学校編　教師力⒄　ユニットに分け授業計画
2005.08.04［教育改革］小中学校編　教師力⒅　戸惑い続きの新任時代
2005.08.05［教育改革］小中学校編　教師力⒆　悩み語れる仲間たちと
2005.08.09［教育改革］小中学校編　教師力⒇　"法則化"生徒引きつける

2005.08.10 ［教育改革］小中学校編　教師力(21)　生徒5人で学級崩壊
2005.08.11 ［教育改革］小中学校編　教師力(22)　特別扱いは逆効果
2005.08.12 ［教育改革］小中学校編　教師力(23)　クラス再建し自信
2005.08.15 ［教育改革］小中学校編　教師力(24)　優れた授業見て吸収
2005.08.16 ［教育改革］小中学校編　教師力(25)　模擬授業に厳しい指摘
2005.08.17 ［教育改革］小中学校編　教師力(26)　技量を検定で"格付け"
2005.08.18 ［教育改革］小中学校編　教師力(27)　「科学的指導」体育から
2005.08.19 ［教育改革］小中学校編　教師力(28)　最適の「よさこい踊り」
2005.08.22 ［教育改革］小中学校編　教師力(29)　自腹で夏休みに研修
2005.08.23 ［教育改革］小中学校編　教師力(30)　時には「裏ワザ」もアリ
2005.08.24 ［教育改革］小中学校編　教師力(31)　指導にも「守・破・離」の型
2005.08.25 ［教育改革］小中学校編　教師力(32)　国語授業に音楽の力
2005.08.26 ［教育改革］小中学校編　教師力(33)　学級崩壊に"ネタ"通じず
2005.08.29 ［教育改革］小中学校編　教師力(34)　生徒の心つかんだ「絵本」
2005.08.30 ［教育改革］小中学校編　教師力(35)　ネタよりも技術に磨き
2005.08.31 ［教育改革］小中学校編　教師力(36)　伝わる「読み手の共感」
2005.09.01 ［教育改革］小中学校編　教師力(37)　学級通信でも読み聞かせ
2005.09.02 ［教育改革］小中学校編　教師力(38)　読み聞かせ　生徒の心結ぶ
2005.09.05 ［教育改革］小中学校編　教師力(39)　卒業後は振り返らせない
2005.09.06 ［教育改革］小中学校編　教師力(40)　授業成立へ基礎技術研究
2005.09.07 ［教育改革］小中学校編　教師力(41)　クイズで授業参加促す
2005.09.08 ［教育改革］小中学校編　教師力(42)　授業成立技術の共有を
2005.09.09 ［教育改革］小中学校編　教師力(43)　枠組み定め自由な発想
2005.09.13 ［教育改革］小中学校編　教師力(44)　枠を設け，広がる解釈
2005.09.14 ［教育改革］小中学校編　教師力(45)　"のび太君"を自立させる
2005.09.15 ［教育改革］小中学校編　教師力(46)　不登校姉弟，優しく歓迎
2005.09.16 ［教育改革］小中学校編　教師力(47)　"後輩"でき学校になじむ

2005.09.19[教育改革]小中学校編　教師力㊽　わがまま一喝…「剣が峰」
2005.09.20[教育改革]小中学校編　教師力㊾　叱るのも拍手も“応援歌”
2005.09.21[教育改革]小中学校編　教師力㊿　自分たちの手で“入学式”
2005.09.22[教育改革]小中学校編　教師力(51)　学校は「楽しいです」
2005.09.23[教育改革]小中学校編　教師力(52)　不登校，担任が100%責任を
2005.09.26[教育改革]小中学校編　教師力(53)　熱意が保護者動かす
2005.09.27[教育改革]小中学校編　教師力(54)　笑わせて，ずる休み解消
2005.09.28[教育改革]小中学校編　教師力(55)　不登校，まず信頼関係を
2005.09.29[教育改革]小中学校編　教師力(56)　歌が開けた男児のドア
2005.09.30[教育改革]小中学校編　教師力(57)　不登校助長，親にも要因
2005.10.03[教育改革]小中学校編　教師力(58)　ロールプレイ繰り返す
2005.10.04[教育改革]小中学校編　教師力(59)　役になりきった生徒たち
2005.10.05[教育改革]小中学校編　教師力(60)　自己否定　人間関係の壁
2005.10.06[教育改革]小中学校編　教師力(61)「わたしは」…どんな人？
2005.10.07[教育改革]小中学校編　教師力(62)　知らない「私」に気付く
2005.10.10[教育改革]小中学校編　教師力(63)「思い込み」，自覚させる
2005.10.12[教育改革]小中学校編　教師力(64)「勘違いは怖い」を実感
2005.10.13[教育改革]小中学校編　教師力(65)「聞く」ことの難しさ
2005.10.14[教育改革]小中学校編　教師力(66)　話しやすい雰囲気
2005.10.17[教育改革]小中学校編　教師力(67)　深い理解へ重いテーマ
2005.10.18[教育改革]小中学校編　教師力(68)　発言しない生徒に注目
2005.10.19[教育改革]小中学校編　教師力(69)　議論重ね「聞く」考える
2005.10.20[教育改革]小中学校編　教師力(70)　遠目でこそ見える「心」
2005.10.21[教育改革]小中学校編　教師力(71)　社会変化　人間関係力に影
2005.10.24[教育改革]小中学校編　教師力(72)　会話の流れ，気付かぬ子
2005.10.25[教育改革]小中学校編　教師力(73)「聞く」ことの大切さ
2005.10.26[教育改革]小中学校編　教師力(74)　アイを救うコンタクト

2005.10.27［教育改革］小中学校編　教師力(75)「分け合い」不十分な時も
2005.10.28［教育改革］小中学校編　教師力(76)　成長する子どもを「聞く力」

　学力低下や学級崩壊。家庭や社会の教育力低下で，先生たちの確かな力量が求められている。課題と向き合う先生らの実践を追いながら「教師力」について考える。

2005.11.30［中部の教育］第10部　教師力(3)　組合が授業の講習会(連載)＝愛知
2005.11.23［中部の教育］第10部　教師力(2)　団塊世代退職で先生不足(連載)＝愛知
2005.11.16［中部の教育］第10部　教師力(1)　ジャズ部で輝く中学生を(連載)＝愛知

2005.06.16［教師力］(最終回)　TOSSについて識者に聞く(連載)＝山梨
2005.06.09［教師力］(2)　検定で「我流」授業見直す(連載)＝山梨
2005.05.26［教師力］(1)　指導力の向上目指して(連載)＝山梨

2005.04.04［教育ルネサンス］教師力(1)　広がる技量向上作戦(連載)
2005.04.05［教育ルネサンス］教師力(2)　授業検定，現場に生かす(連載)
2005.04.06［教育ルネサンス］教師力(3)　学級崩壊防ぐ方法探る(連載)
2005.04.07［教育ルネサンス］教師力(4)　「熱血先生」塾で養成(連載)
2005.04.08［教育ルネサンス］教師力(5)　採用試験に地域の視点(連載)
2005.04.09［教育ルネサンス］教師力(6)　ぼくらも「採用試験官」(連載)
2005.04.12［教育ルネサンス］教師力(7)　同僚が授業を採点(連載)
2005.04.13［教育ルネサンス］教師力(8)　読者の声「先生，必死になって」(連載)
2005.04.14［教育ルネサンス］教師力(9)　昔，劣等生　いま達人(連載)
2005.04.15［教育ルネサンス］教師力(10)　鉄人が究める新授業(連載)
2005.04.16［教育ルネサンス］教師力(11)　予備校通い　極意習得(連載)
2005.04.19［教育ルネサンス］教師力(12)　FA制　意欲買います(連載)
2005.04.20［教育ルネサンス］教師力(13)　授業刺激，子どもに変化(連載)

2005.04.21［教育ルネサンス］教師力⒁ 考課に自己申告導入（連載）
2005.04.22［教育ルネサンス］教師力⒂ 学級作りは「3・7・30」（連載）
2005.04.23［教育ルネサンス］教師力⒃ 読者の声　親は監視役か味方か（連載）

付録3　都道府県による人事考課と教員評価項目の例

自己申告書の記入をめぐって

校長が示す学校経営方針を受けて、自分としての年度の取り組み、要求していることをいつ、どの程度までに取り組み、どの程度の成長を目指すか、自己評価してください。

昨年度の成果と課題について、2項目程度簡潔に書きます。具体的に記入してください。

年度内に達成できた成果、達成できなかった課題を踏まえ、それに基づいて自己評価を具体的に行ってください。

自己申告書

所属	○○区立　○○小学校	氏名　○○○○	性別	年齢	（自己申告書）（職務について）	申告年月日（3月31日）

平成12年度　教職員自己申告書

1 学校経営方針に対する自己理解
2 今年度の目標
3 目標達成のための具体的手立て
- 学習指導
- 生活・生徒指導／学級経営
- 担当分掌等
- 成果と課題
- その他（追加・変更）
4 研修

自己申告は具体的な記述で!!

「今年度の目標」「目標達成のための具体的な手立て」の記入は、具体的なものとしてください。
「今年度の目標」の記入が一般的な場合、「目標達成のための具体的な手立て」の内容欄では、必ず「いつまでに」というような「どの程度」について数字等を用いて具体的に示します。

- 地域の方々をボランティアで運動への参加を再び呼びかけ、各週2回運営にかけての全校を75〜50人以上の参加をもって交流教育を実施する。
- 本校の最初の職場体験学習を第2学年において実施し、10月初旬に体験集会を開催する。記念集会に向け、ほぼ5%実現できる、作成と実践に係わる保護者との連携を密にしたい。
- 2月にインフルエンザによる3クラスの学級閉鎖を経験した。今年度は換気を徹底し、インフルエンザ予防に力を入れ、500名超えない。

（東京都）

様式2-1

評価基準（校長）

評価要素		着眼点	着眼点の主な具体例
学校経営	能力	企画・計画力 リーダーシップ 識見 説明・調整力 危機管理能力	◎時代・社会のニーズや学校教育課題を踏まえた学校経営ビジョンを設定できる。 ◎特色ある学校づくりや開かれた学校づくりに向けて、リーダーシップを発揮できる。 ◎管理職として必要な知識や技能を持ち、説明責任を果たしながら学校経営ができる。 ◎学校事故等に対して、迅速に責任を持って対応できる。
	実績	達成度(質・量) 工夫・改善 情報収集・活用 正確性、迅速性	◎学校経営ビジョンに基づき、教職員が一体となって取り組む体制を確立した。 ◎予算の効果的な執行や学校の適切な安全管理など、円滑な学校運営を行うことができた。 ◎学校運営に当たって、関係機関や家庭・地域等との連携が適切にできた。 ◎状況変化を正確・迅速に捉え、適切な判断を下すことができた。
学校教育の管理	能力	児童生徒理解 識見 企画・計画力 管理・運営能力	◎教職員に児童生徒の実態を踏まえた適切な指導を行わせることができる。 ◎学習指導要領に基づく教育課程を、地域や学校の実態等を考慮し、適切に編成できる。 ◎教職員が質の高い教育を児童生徒に提供できるよう、校内研修の推進を図るとともに、教職員に適切な指導・助言ができる。
	実績	達成度(質・量) 正確性 迅速性 工夫・改善 情報収集・活用	◎児童生徒の健康及び安全の管理を適切に行った。 ◎特色ある学校づくりに向け、魅力ある教育課程を実施した。 ◎教育効果の評価を適切に行い、必要な改善を行うことで、学校教育の向上に努めた。 ◎校内組織を適切に編成し、教職員個々の指導力を活かした組織力の向上がみられた。
教職員の管理・育成	能力	教職員理解 育成能力 管理・運営能力 判断力	◎教職員の職務状況、能力、適性等についてよく把握し、人材育成の観点からの的確な指導・助言ができる。 ◎教職員の服務状況を把握し、的確な指導・助言を与えることができる。 ◎教職員を公平・公正に評価することができる。
	実績	達成度(質・量) 正確性、迅速性 情報収集・活用	◎教職員の能力や勤務の状況を的確に把握し、その能力を十分に発揮させるよう、必要な指導・助言及び人材活用を行った。 ◎教職員の服務管理を適切に行い、規律を確保するとともに、円滑な人間関係を作り、健康で働きやすい職場づくりに努めた。 ◎学校教育課題を踏まえた校内研修を充実させることで、教職員の指導力の向上、志気の高揚がみられた。
共通	意欲	責任感、規律性 積極性 創意・工夫 協調性	◎品位・品格と威厳に満ち、学校の最高責任者として強い自覚の下に職務に専念している。 ◎特色ある学校づくりや開かれた学校づくりに向け、積極的に取り組む態度が見られる。 ◎児童生徒の立場に立ち、新たな課題や高い目標に前向きに取り組んでいる。 ◎風通しの良い職場環境作りを目指し、教職員と協調して学校運営を行う姿勢がみられる。

※ 児童生徒には、盲・聾・養護学校の幼稚部の幼児を含む。　　　　　　（大分県）

教員評価についての動向

教員評価システムの改善	文部科学省
教員評価システムの改善に関する取組事例	文部科学省
指導力不足の教員等の人事管理に関する取組について	文部科学省
教員の評価のあり方について（中間報告）	青森県教育委員会
教職員の人材育成に関する保護者・教員意識調査報告書	岩手県教育委員会
教職員に人材育成に関する検討委員会会議録	岩手県教育委員会
教員の資質向上を目指す新しい評価システムに関する提言	宮城県教育委員会
教育職員の人事考課制度について	東京都教育委員会
教職員の人事考課制度パンフレット	東京都教育委員会
人事考課に関する規則	東京都教育委員会
教職員の新たな人事評価システムについて	神奈川県教育委員会
教員人事制度研究会報告書	神奈川県教育委員会
教職員の新たな人事評価システムあらまし	神奈川県教育委員会
群馬県立学校教員人事希望表明制度について	群馬県教育委員会
新しい教員評価制度について	長野県教育委員会
新たな教職員人事考課制度（中間まとめ）	石川県教育委員会
教職員の人材育成の在り方について（最終報告）	三重県教育委員会
教職員の人事管理の在り方に関する調査研究（最終報告）	三重県教育委員会
教職員全般の資質向上方策について	大阪府教育委員会
新しい教員の評価システムの構築（最終報告）	岡山県教育委員会
新しい教員の評価システムについて	島根県教育委員会
教職員評価について	鳥取県教育委員会
教職員の自己申告による目標管理実施要項	広島県教育委員会
人事評価制度Q&A	広島県教育委員会
教職員の人事管理システム研究会報告書	広島県教育委員会
新しい教員の人事管理の在り方について	香川県教育委員会
新しい教員の評価について（中間まとめ）	徳島県教育委員会
教職員の新たな人事評価評価制度に関する調査研究報告書	長崎県教育委員会
新たな教職員人事評価システムについて	大分県教育委員会
教職員人事評価評価基準	大分県教育委員会
新たな教職員評価システム（中間報告）	鹿児島県教育委員会
教職員評価システム	沖縄県教育委員会
教員評価リーフレット	沖縄県教育委員会

出所）http://achi.k-free.net/link/jinji.htm

引用・参考文献一覧

Wikipedia（フリーの百科事典），ASCD（米国カリキュラムと指導・評価権協会），CRESST/UCLA（国立評価・水準・テスト研究センター）等の資料を参考にした。

Ainscow, M. (1999) 通常の学級の中で学習に困難を示す子供たちへの教育的支援：英国における基本的な考え方と実践的な取り組み『LD：学習障害：研究と実践』8(1)：24～31.
Biggs, J. (1998) Assumptions underlying new approaches to assessment. In Stimpson, P. and Morris, P. (Eds.) *Curriculum and Assessment for Hong Kong Two components, one system* (pp.351-384). Open University of Hong Kong Press.
Block, Everson, Guskey (1995) *School Improvement Programs.* Scholastic Inc.
Eurydice (2002) *Key Competencies : a developing concept in general compulsory education* (EUの普通義務教育におけるキー・コンピテンシー（抄訳）国立教育政策研究所，2005)
Lee, J. C. K., Lam, W. P., and Li, Y. Y. (2003) Teacher evaluation and effectiveness in Hong Kong : Issues and challenges. *Journal of Personnel Evaluation in Education.* 17(1)：41-65.
Marzano, R. J. Pickering, D. J. Brandt, R. S. (1990) Integrating Instructional Programs Through Dimensions of learning. *Educational Leadership.* 47(5)：17-24.
McKenzie, J. (2004) *Beyond Technology : Questioning, Research and the Information Literate School.* FNO Press.
OECD (Ed.) (2000) *Knowledge Management in the Learning Society.* Paris : OECD. (『知識の創造・普及・活用―学力スキルを伸ばす教育システム』明石書店，2006)
OECD (2005) Teachers Matter : Attracting, Developing and Retaining Effective Teachers (『教員の重要性：優れた教員の確保・育成・定着』国立教育政策研究所国際研究・協力部監訳)
Reynolds, B. Creemers, S. Stringfiled, C. Teddlie, & G. Schaffer (Eds.) (2002) *World Class Schools : The final report of International School Effectiveness Research Projects (ISERP).* London : Routledge Falmer.
Rhodes, L. N. (1994) Homeroom Teachers in Japan. *National Forum : Phi Kappa Phi Journal.* 74(1)：37-40.
Shulman, L. S. (1987) Knowledge and Teaching : Foundations for the new reform. *Harvard Educational Review.* 57(1)：1-22

有本昌弘・菅井勝雄(1987) 学校研究の診断システム『学校が取組む新しい研究主題』(授業研究情報／水越敏行, 吉田貞介編集；No.3) 明治図書, pp.17-26
有本昌弘(2001)「SBCDのための学校研究診断システム―リソースをキー概念として」『教育工学雑誌』25(Suppl.)：107-112
有本昌弘(2004)「ナレッジマネージメント」立田慶裕編『教育研究ハンドブック』世界思想社, pp.203-214
有本昌弘(2005a)「教育課程（カリキュラム）評価における統制と開発―1980年代一研究開発学校でのカリキュラムのアセスメントによる評価の再評価を通じて」『国立教育政策研究所紀要』134集, pp.31-58
有本昌弘(2005b)「わが国義務教育への「質保証」概念導入の意義と課題―海外における質保証（quality assurance）論議から」『国立教育政策研究所紀要』134集, pp.81-104
伊藤亜矢子・松井仁(2001)「学級風土質問紙の作成」『教育心理学研究』49-4：449-457
上野一彦編(2005)『特別支援教育基本用語100：解説とここが知りたい・聞きたいQ&A』明治図書
小田勝巳(2006)『日本版エッセンシャル・クエスション構想』東信堂
小田勝巳(2005)『学ぶに値すること：複雑な問いで授業を作る』東信堂
国立特殊教育総合研究所(2005)「特別支援教室(仮称)」(案)について―特殊学級の弾力運用等の実地調査からの想定―プロジェクト研究（平成16年度－18年度）,『小・中学校における障害のある子どもへの教育の支援体制に関する研究』国立特殊教育総合研究所
寺嶋浩介・水越敏行(2000) 学校研究の診断的評価―総合的学習や情報教育に取り組む小学校を対象に―『教育メディア研究』7 (1)：19-38
水越敏行(1982)『授業評価研究入門』明治図書
水越敏行(1985)『授業改造と学校研究の方法』明治図書
三輪充子(2006)「アメリカ合衆国におけるイマージョン教育―2言語併用教育の可能性を考える―」『国立教育政策研究所』第135集, 印刷中

文部科学省(2002)『個に応じた指導に関する指導資料―発展的な学習や補充的な学習の推進―』（小学校算数編, 小学校理科編, 中学校数学編, 中学校理科編）
日常生活教材作成研究会(2005)「学習内容と日常生活との関連性の研究―学習内容と日常生活, 産業・社会・人間とに関連した題材の開発―」（平成16年度文部科学省委嘱研究報告書）平成17年3月（なお, 15年度報告書「算数・数学」「理科・総合」編も公表検討中）

参考となる資料など
　　＜http://www.mext.go.jp/a_menu/shotou/gakuryoku/link.htm＞
　　上記資料はダウンロードが可能である。
その他，参考となる資料など
　　＜http://www.nier.go.jp/homepage/kyoutsuu/index.html＞
海外の特別支援教育に関する文献
　　＜http://www.nise.go.jp/kenshuka/josa/sekai/bunken/list.html＞

今後の課題と展望

　本書の出版の趣旨は，指標のフィールドテストのためのフィールドの開拓，共同研究の募集にあった。その提案の中身は，教育の質が保証されるには，学力調査の2時点での向上率（付加価値）をみていくことである。インプットとアウトプットの間，スループットとして，プロセスがあるわけで，本書の指標が妥当なのかどうか，フィールドテストを行いたい。さらに細かい桁のチェック項目が求められる。その場合でも，本書で触れたような「指標」は，その後の指導に役立てられる足がかりになると考えられる。ただ，指標をもって観察する授業が，総合的な学習，語学系，理数科，人文系，芸術，あるいは体育などで，変わってくるのは，否めない。幼稚園から高等学校（さらには大学）までの学校段階，地域それに児童生徒の実態で変わってくることが考えられる。

1　全国学力調査のサブセットとしての配慮事項

　平成19年度から公立学校に通う小学6年と中学3年のすべての子どもたちおよそ240万人を対象に，国語や算数・数学で学力テストを実施することになった。全国的に学校評価も始まる。自分たちの学校が全国的な状況の中で，どのようになっているかの結果がわかり，個々の子どもたちについても，その後の指導に役立てられる調査にしたいとされる。また，この調査を通じて，本当に子どもたちにつけたい力は何かを明かにしたい。加えて，子どもの生活状況と学力・体力・徳育の関係，学級規模と学力の関係などの検証ができる調査にしたいとされている。この場合，以下のような，いくつかの懸念すべきいくつかの事項がある。

・学力調査がカリキュラム評価ではなく，学校の序列化に利用されることにつながりやすいことはこれまでの経験から考えられる。それが子どもや親たちに

学校選びに熱を上げさせることにつながり，カリキュラム開発による学校改善には必ずしもつながらず，格差の問題は表面上隠されるが解決されることにはつながらない。
・将来，学力調査，学校評価，学校選択，教員評価というサイクルが出来上がるだろう。そうなれば，学力調査が様々な場面で価値尺度として用いられることになる。
・OECD（経済協力開発機構）発行の『人生への準備は万全？』は，OECDがPISAという学力調査をはじめた経過説明をこう始めている。「（日本や韓国等の学力の）成功は，他の重要な面，すなわち生徒の間における創造性，批判的思考，自信といったものの犠牲の上になされているのではないか――」，日本型の学力は二十一世紀には通用しないだろうという。
・学力調査の背景にある学力観のみが教育における価値観となったり，学校の格付けに陥らないよう，各学校は，教員の力量形成とカリキュラム開発・スタンダード作成のセット化を行うスタンスをもつことが求められる。
・学校種間の連携・接続のあり方が，残る課題となる。テストすることが教えたことにつながり，テストにシラバスが引っ張られる現象（ウォッシュバック washback ／バックウォッシュ backwash）があるため，アセスメントとカリキュラムとがバランスよく相互作用するよう先回りして研究しておく必要がある。学力問題への対応として，発達のステージによる緩やかな括りからなるコンテンツのガイドライン，修業年限を決めておいての学校での，児童生徒に本当に必要なものという意味でのシラバスの吟味とアセスメントについてのダイナミックな対応が求められる。

(1) 配慮事項その1　授業と評価―スクール・ベースト評価の日本型表現

本来は，設置主体と学校の問題でもある。そこで，今後の課題としては，中央では，授業に先立つ要件・重点目標の違いにより，教員へのフィードバック指標に加えて学校評価のモデルを明らかにしたい。その場合重要なことは，プロ

セスには，成果をより高める選択肢がいくつもあるということである。例えば，全国学力調査が行われる国語と算数・数学は，あらゆる教科，教育場面で使われることは，オーストラリアやフィンランドの政策と実践で見られる。このように「効果的学校」という海外の土俵にのりながら，これを，蓄積のある授業研究を足がかりに，カリキュラム開発という日本の教員の課題に換骨奪胎し，まさしく「起死回生」の政策として，学校の内外に開かれた評価へとつなげていくことが課題である。

(2) **配慮事項その１　スクール・ベースト・カリキュラム**　ここ20年ほど，学校教育とは切り離されたところで，科学技術の進展には目を見はるものがある。そして現在，日本では，製造業に従事しているのは，2割で，残り8割はサービス業に従事している。特に，90年代後半からの工業経済から知識経済への移行において，「カリキュラム開発」と「学習」は今までとは違う意味で，重要な考え方を持ちえるものとなってきている。見通しは見つけにくく，何のためという関係も見えにくい状況の中で，常に新しい知識を広い視野で見ていく指導者，特に教師は，こうした社会の変化に敏感でなければならない。以下の具体的な学校や教師による「意思決定」は，国や都道府県ではマニュアル化できないものである。

- 1つの教科書「を」そのまま教えるのではなく，一旦ストップし，副読本，複数の教科書，場合によっては，異教科含めて，教科書「で」さらには，新聞やニュース，録画，マルチメディアで教える
- 年間指導計画についても，組織原理・履修原理を工夫し，本時の授業を多様なコンテクストに関連づけて学習を位置づけていく
- 学校学習環境についても，校舎配置，その他学校施設や環境（例えばビオトープ）等，目標達成に役立つリソースについて校内外に所在を探し，時空間を超え，見い出していく
- 特に読解力については，国語の問題のみと考えるのではなく，生活や職業場

面を含めた多様なコンテクストでの活用場面を考えてみる
- 学校の状況分析に基づき，条件整備や是正措置を積極的に受け入れつつ，学校を改善するプロセスに校長・教頭の見識・力量として積極的にコミットしていく

こうしたことから，日本のスクール・ベースト・カリキュラムであるが，同じ東アジアの韓国や香港，台湾のそれとも異なることが明らかになる。きわめて実践志向なのである。日本では，算数数学での教科書すら，実践を踏まえたもの，子どもの思考のつながりを反映したものとなっている。シラバスを並べたに過ぎない学習指導要領の一具体化である教科書は，優れた教師ほど修正・改作（adapt）の対象であり，むしろ重点教科では，シラバス選択（select），テーマ（トピック）によるシラバス創造（create）と考えた方がよいかもしれない。総合では，トピック創造（create）を行っている。実践志向であるのに加えて，日本では，教師間の同僚性が極めて強い。児童生徒間では，個人の達成というより，熱中させるもの，強い興味や熱意，ひたむきさ（enthusiasm）をもとに，グループで競わせるなどしたその上で，それを前提に課題志向がある。スクール・ベースト・カリキュラムには，学校文化・学級文化などの生活にある「文化」の果たす役割は大きい。

2　より具体的な課題

これまで，指標の順位付け（ranking）や評定（rating）が求められてきた。残る課題は，以下の2つがあげられる。

1）43指標それぞれの項目（アイテム）がある，それぞれ4〜5アイテムあれば，トータルで170〜200のものが挙げられる。性質としては，項目のスコア化（アイテムルーブリック）とするか，観察の最終判断に用いるか，性格付けで異なる。そして後者の場合は，観察者の訓練が求められる。そのアイテムによる測定（出現頻度，時間のサンプル，評定，質，ルーブリック）は，現在進行中であり，日本で求められる仕事や業務の達成事項の範囲（日本で独自かつ特

有な項目が求められる）については，手直しが必要である。

2）教室では観察できない指標（教師の知識や専門職性と振り返り）に取りこむ道具のための構成要素と関連するデータ収集道具として，教師面談（インタビュー），それに自己報告（セルフレポート）がある。

【各指標における下位項目の具体例】

4-(2) アセスメントと評価

1．目標と学習事項にあったアセスメントを行っている

（教師から出題される問題は，生徒が学んだことに関連している）

（教師は，評価がどのようになされるかの詳細な説明をする）

3．教師は明示的で具体的なフィードバックを与える

（教師は教室内の生徒の活動を常に十分時間を取ってモニタリングしている）

（教師は口頭／筆記でのフィードバックの機会を逃さないように努めている）

4-(1) 個別化とインクルージョン

1．教師は児童生徒の個性について十分に説明できる

（課題は教師によってよく練られており，簡単にすることも難しくすることもできる）

（教師は特定の学習スタイルを生徒に強制しない）

2．教師は児童生徒の全員が参加できる環境づくりをしている

（教師は生徒の性格をよく考慮した上でグループ分けをする）

（教師は，生徒一人一人が興味関心を持って積極的に参加できる課題を設定する）

3．個々の児童生徒のニーズに配慮した計画を立てている

（教師は生徒が長所を披露することのできる機会を与える）

（教師は生徒の興味関心を把握するためにたびたび面接をする）

さらに，細かい桁のアイテムの作成さらにはその後の観察者のためのガイドライン等については進行中であるが，関心のある教育委員会ないし学校関係の方をはじめとして様々な方より，是非忌憚のないご意見をお寄せいただきたい。

> 詳しくは，国立教育政策研究所の中にある
> 筆者のホームページをご覧下さい
> URL :〈http://www.nier.go.jp〉

あとがき

　近代化の中での教育政策を研究している人から，明治期から第二次世界大戦までに活躍した教育者や偉人が今の日本を見たらたいそう嘆き，悲しむであろうと聞いたことがある。

　それにしても思い出されるのは，以下のような言である。「教師は自身を利するためと同時に，子弟の学習経済のためという二重の目的のために価値創造法の学問的研究をしなければならぬ。反言すれば，教師は自己の職業を指導する法則がただちに子弟の学習指導の原則となることを思うてなすべきである」。これは，かつて波多野完治が日本の授業研究のパイオニアとして高く評価した人の言であるが，今でいう，メタ認知と教師の振り返り，アセスメントとアカウンタビリティの問題を，先回りして後継の者にメッセージとして伝えているように思う。こうしたことを，全米に授業研究（lesson study）として紹介しているキャサリン・ルイスと，彼女がリクエストしていた，奈良女子師範附属小学校における授業研究の歩みのコピーも手渡しながら，話したことがある。確かに授業研究は，20世紀初めには行われ，欧米とは明らかにスタート地点が異なるのである－。まだまだこのあたりは，海外に知られていない。

　さて，それにつけても，教育や文化のパワー（ソフトパワーやクールパワー）でアフリカ等他国を魅了しなければ，日本はこれから世界の中でやっていけない。急激な少子化を迎え，日本の総労働力人口が，中国ではエリートの数だという。天然資源のない日本は，教育の質を高めねば，また他国とうまくやっていかねば，立ち行かなくなるのである。

　ちなみに，2005年OECDから，『教員の重要性：優れた教員の確保・育成・

定着』（Teachers Matter Attracting, Developing and Retaining Effective Teachers）が出版された。教員政策は，各国の政策課題の上位に位置づけられているという。教師に期待される知識と能力を明瞭かつ簡潔にまとめた指針である「教師プロファイル」を学校制度と教員養成システムの全体に組み込むべきであるというのである。

　この場合も心に留めておきたいのは，日本の出発点の独自性である。日本は，中央の教育政策から各教室まで，社会的に「素直な」とか「豊かな」という情緒的な形容詞が極めて好まれる「内省して自覚する社会」である。その点は，「データ主導・マニュアル志向社会」である英米，アングロサクソン系民族の社会とは根本的に異なる。国の政策決定は，数値や明確なデータによる勧告というものからではない。情緒的で共感できる言葉（例えば，生きる力とか人間力）とメタファによる説得（例えば，野鳥にエサを与え過ぎるとダメになる）が用いられる。日本の独自さは，ある種のプロセス志向の風土として，認識すべきであろう。例えば，大事なことは子どもに言わせる。アセスメントは見極めや見取りという意味で教室授業に埋め込まれている。生活課程とでもいえる子どもの学校生活を送る上での快適さに非常に時間が使われている。オスモーシスとして，教育思潮は，知らない間に学校に吸収されて研究主題を通じて概念や信念が，長期にわたり構成員の間で内面化される。保護者の相談，地域との信頼や絆は重視され，かつてのコミュニティは閉鎖的ではあるが，言葉かけやカウンセリングマインドも求められる。そこで，日本の教員評価では，「笑顔」「関わり」「子どもの名前で呼びかけ」「運動会，学芸会とか，夏休みのラジオ体操，地域の祭り等行事への生き生きと参加」「地域とのコミュニケーション」「保護者からの相談事への誠意ある対応」「気持ちが通じる」「地域ぐるみ」のようなキーワードが非常に重視される。この背景には，海外と比べて，検定教科書への多大な依存という大前提もある。

ところが，権限委譲により，非常勤講師が増えるなどの事態が生じ，また，環境整備の面でもICTの効果が教職員の配置処遇とも相まって，地域間・学校間に差が出てきている。であるから，効果測定するべき授業プロセスを中心に観察評価の研究が求められてくる。

こうして，質保証が求められてくる。そこでは，質保証の日本型システムの構築とでもいうアプローチが求められる。それは，基本的には自発性やオーナーシップを尊重するものである。もちろん，非寛容という，生徒指導に寛容ダメというゼロ・トレランスの議論も他方ではある。ここでいう質保証とは，開発と介入・是正措置行為（インターベンション）の長所，価値，あるいは所与のスタンダードの整合性を，アセスメントし，そして改善することに関わる活動を含むものである。質を保証するための業務には，例として，審査（appraisal），RBM（結果重視マネジメント），実施中の吟味検討，評価などが含まれる。質の保証は，ポートフォリオの質及びその開発効果についてアセスメントすることにも関連するものである。これに対して，（質保証のための）パフォーマンスや成果の質を確立するために用いられる調査や調整などの技術をクオリティー・コントロール（Quality Control）という。これを学校教育にあてはめると，「学校が教育の質を向上していくためには，具体的な目標を設定し，その達成に向け学校全体で取り組むこと，そして，学校の取り組みを不断に評価していくことが求められる。文部科学省の調査では，現在でも95％の学校が自己評価を実施している。しかし，実施している全ての学校が評価結果を公表しているわけではない。今後は，評価結果の公表を進めていくことが必要だという。

こうして，その応用として，教員養成・採用・研修，スクールリーダから管理職に至るライフステージに応じた課題の分野がある。特に，教員養成大学・学部も世界水準のものにしていかなくてはならない。

そして，今後の大きな展望として，外部評価機関がある。教育省とは独立した機構である英国の教育水準当局（OFSTED）の機能はとりあげるまでもない。本書が，今後日本の教育の質保証，日本の教育の水準を維持・向上させていく上で，どのような組織や機構の立ち上げを行うのか，という議論に発展していくための，プラットフォームになることを願ってやまない。

2006年2月

著　者

索　引

あ行

ISTOF (International System for Teaching Observation and Feedback)　ii
ICSEI (International Congress for School Effectiveness and Improvemnet)　i
アカウンタビリティ　5, 82
足場組み　26
アセスメント(評定)　28, 63, 170
　——・システム　29
　——と評価　27
　——についてのダイナミックな対応　164
アライメント　35
アンカー　37
異質な文化や考え方　78
インクルージョン　24, 62
ウォッシュバック　164
英才(児)　23
オンデマンド・アセスメント　38

か行

改善に向けた協議　95
外部評価機関　172
カウンセラー　91
学習機会　38
学習障害(LD)　26, 61
学習スタイル　22, 77, 146
学習の次元　49
「型」の伝統　77
学級活動への関与　79
学級環境　17, 100
学級経営　17, 143
学級風土　18, 44
学校　ii, 170
　——行事　91
　——効果研究　i, 1
　——自己評価　89, 171
　——種間の連携・接続　164
　——の格付け　164
　——の活性化　ii, 97

　——の質　iv
　——の状況分析　166
　——評価　163
　——評価のモデル　165
　——文化・学級文化　166
　——力　97
カリキュラム　19
　——開発による学校改善　164
　——評価　89, 163
観察の最終判断　166
関心や意欲の重視　76
完全習得学習　22, 49, 51, 77
観点　37
基準重視の教育　29
基準ベースリフォーム　29
規制緩和　iii, iv, 5
帰属意識　79
きめ細かな授業　92
教育「観」　83
教員政策　170
教員の質　iv
教員評価　iii, 156, 157, 170
教師　40, 105
　——とキャリアの複線化　iii
　——の実力　89
　——の専門職性と振り返り　40
　——の知識　40
　——の振り返り　149
　——の力量　89
　——プロファイル　170
　——面談(インタビュー)　167
　——力　142
教職員が助け合う学校　95
教室に埋め込まれたアセスメント　2, 170
共同学習　15
クォリティ・コントロール　171
クラスルーム・アセスメント　32
形式的アセスメント　77
研究授業　82

研究主題　170
　　——のための指導方略　83
効果的学校　165
　　——の研究　51
高次の思考　16
構成主義　15
構成要素(コンポーネント)　6
校長・教頭の見識・力量　166
校務分掌　95
項目　37
項目(アイテム)のスコア化(アイテムルーブリック)　166
心の習慣　22
個に応じた指導　21, 49, 102
個別化教育とインクルージョン　21, 146
コミュニケーションの明確化　12

さ行

参加型学習　14, 121
三人寄れば文殊の知恵　97
自己研鑽　95
自己実現　78
事後チェック　iv
自己認識　78
自己の人間性を高める　91
自己報告(セルフレポート)　167
自尊心　78
しつけや学習訓練　91
実践志向(日本の風土としての)　166
質　i
　　——の高い授業　12, 97
　　——保証　ii, 46, 69, 70, 93, 124, 163, 170, 171
　　——保証の日本型システムの構築　171
指導計画　13, 19, 46, 101, 145
指導上の技能(技, 熟練, うまさ)　13
指導上必要なコンテンツの知識(PCK)　71
児童生徒主導の保護者会　34
指導要録　64
指標　6
集団準拠評価　30
集団生活にはルール　79
集中力と自己モニタリングスキル　78

授業「観」の練り上げ　107
授業研究　83
授業評価　97
授業力(生徒のコミュニケーション力を含む)　89
障害のある児童生徒　39
条件整備　166
シラバス　166
　　——修正・改作　166
　　——選択　166
　　——創造　166
人事考課　ii, iii, 156
人生観　91
信頼性　36
信頼や絆　170
スキャフォールディング　26
スクール・ベースト・アセスメント　6, 69
スクール・ベースト・カリキュラム開発(SBCD)　165
スクール・ベースト評価の日本型表現　70, 97, 164
　　——開発　70
優れた教師　iii
スケール　36
スタート地点の違い(欧米との)　169
生活課程　170
生活指導　171
生活集団　79
正当性　38
生徒指導　79
生徒は行事で成長　92
世界に通用する水準　29
是正措置　166
全国学力調査　iv, 163
漸次的な(自己)改善　3, 82
全人教育　80, 94
全体的採点　37
全体の底上げ　94
ソクラテス式問答(法)　46, 124
組織原理・履修原理　165

た行

体験や向上目標　82

代替アセスメント　31
絶えず動機付け　91, 95
タスク　38
妥当性　36
多文化・多言語の教育　56
団結力　91
地域が学校をシェイプ　92
地域ぐるみ　170
力のある学校　97
力を合わせる　97
知識経済　165
チームワークが重視される風土　82
注意欠陥・多動性障害(ADHD)　61
中央教育審議会　i, iii
長期指導計画　19, 46, 145
調節と改訂　39
TOSS　142
　　──という教育技術法則化運動　76
ディスレクシア　26, 62
統一テスト　35
導入部での意欲付けや教材の工夫　89
同僚　83
　　──性　95
特別教育　24
特別支援教育　58
特別支援生　24
読解力　165

な行
内省して自覚する社会　95, 170
内容基準　33
人間力(産業, 労働・雇用からの像の広がりとしての)　91
年齢や発達段階に対応した話し方　75

は行
バックウォッシュ　164
発問の仕方　76
パフォーマンス・アセスメント　31

パフォーマンス基準　34
板書方法　76
PISAという学力調査　164
人並みにしてひとつよいところを　81
一人ひとりの声を聞く　78
批判的思考　16
評価　27
　　──基準　32, 33, 66, 68, 69
　　──者　39
標準化　34
複合的知性(多重知能)　23, 54
振り返る　83
プロセス志向の社会　82
文化に支えられた実践　2, 3
分析的採点　38
ベンチマーク　35
ポートフォリオ・アセスメント　31
本質的問い　17, 124

ま行
まとまりや団結　78
メイン・ストリーミング　25
メタ認知　14, 16
猛烈に仕事に取り組む　82
目標準拠評価　30
モデリング　13, 112

や行
安上がりな動機付けシステム　96
融合ないしはハイブリッド型　80
寄らば大樹の陰　5

ら行
リソース　13, 88, 93, 165
ルーブリック　33

わ行
わかり方別学習　146

有本　昌弘（ありもと　まさひろ）

昭和34年，京都府舞鶴市生まれ
兵庫県西宮市，大阪府堺市にて小・中・高校を終え，昭和62年，
大阪大学大学院人間科学研究科単位取得退学
福井県立短期大学講師，大分大学助教授（教育福祉科学部附属教
育実践総合センター），ケンブリッジ大学客員研究員，ハーバード
教育学大学院客員研究員を経て，現職は国立教育政策研究所初等
中等教育研究部総括研究官
博士（人間科学）

教員評価・人事考課のための授業観察国際指標
―教員へのフィードバックによる学校の活性化―

2006年3月30日　第一版第一刷発行

著　者　有　本　昌　弘
発行者　田　中　千津子

発行所　株式会社　学　文　社
〒153-0064　東京都目黒区下目黒3-6-1
電話（3715）1501代・振替00130-9-98842

（落丁・乱丁の場合は本社でお取替します）　　・検印省略
（定価はカバーに表示してあります）　印刷／東光整版印刷株式会社
© 2006 ARIMOTO Masahiro Printed in Japan ISBN4-7620-1549-0